第二课堂

主编

王海韵

副主编

刁淑颖　周卫兵

编委

刁淑颖　李　祥　刘长慧

吴　越　张国其　周卫兵

南京师范大学出版社
NANJING NORMAL UNIVERSITY PRESS

EXTRACURRICULAR ACTIVITIES

新教育探索丛书编委会

丛书主编

钱铁锋

丛书副主编

李凯生

丛书编委会（按姓氏笔画为序）

刁淑颖	王 璐	王海韻	叶 靖	杨 昭	杨社伟	吴大同
吴玉萍	吴 琼	沈一飞	张玉东	张立功	张国其	张 荣
张爱民	张蕾芬	陈向阳	陈 声	金阳子	周卫兵	胡正纲
赵和春	赵炳红	徐敏标	高玉坤	黄云龙	龚治权	彭海鳌
		彭 媚	程彩玲	黎鹤龄		

南京师范大学出版社
NANJING NORMAL UNIVERSITY PRESS

总 序
探索为学生生命发展奠基

随着 21 世纪以高科技网络信息化为基础的知识经济社会的到来,一个有持续学习兴趣并会学习的人,一个人格健全且有能力参与建设更健全社会的人,是当今时代与社会需要的人,也是每一个家庭、每个人自身幸福之所系。教育为培养这样的人必须跟随时代的发展而变革。这是势不可当的教育变革的方向和潮流,也是自人类教育文明产生以来,围绕着"培养人"这一主题上下求索、绵延更新,在捍卫教育目的、保障教育功能发挥上最鲜明的当今时代的特征。

可喜的是,中国自改革开放以来已经确立并走上了建设现代化强国之路,已经将科教兴国作为基本,也是长期的、最重要的国家战略。我国自上世纪八九十年代开始在全国教育界推动素质教育的实践探索,随后又有第八次基础教育课程改革,试图将素质教育的理想通过课程结构、课程设置及其管理的变革,通过教师队伍建设等加以逐步落实。由于我国整体的社会变革与转型将是一个需要长期艰苦奋斗的过程,这一过程中复杂的社会矛盾、文化冲突表现在学校教育中,"应试"模式的教学与管理盛行不衰,素质教育的理念与实践难以大范围、大力度畅行。人们对至今学校教育中较为普遍存在着的"以应试为本、以升学考试成绩为核心追求"的非理性、非生命化教育的不良状态深感困惑和忧虑。

同样可喜的是,在我国基础教育界二十多年来一直有志士仁人怀抱振兴中华的情结、对未来新一代素质发展的热望,坚持素质教育的探索,不避艰难困阻,坚守学校教育应为学生生命发展奠基的信念。在微观层面、在学校工作前线、在自己可以发挥主观能动作用的天地里,执著地探索、不懈地实践,遂有素质教育"星星之火,可以燎原"之势。他们的努力一再证明,指向素质教育的战略在社会宏观层面虽不可能在短期内获得"整体性"实现,但微观层面的、一个个学校的尝试和突破则是完全有可能的。尽管前行道路仍然坎坷不平,但教育领域内外的有识之士们已逐渐窥见令人兴奋的曙光。

笔者的案桌上放着将由南京师范大学出版社出版的《教育力与教育关

系》和《中小学班级管理体制改革》两部手稿，有南京朋友介绍我阅读了它们，使我又一次看到一个发生在中国今日中小学校中发挥主体精神、埋头苦干、锐意改革创新的鲜活案例，再次增添了我对素质教育可望在一个个基层学校有所突破的信心。南京外国语学校仙林分校是2002年创办的一所新学校。该校领导和教师赓续南京外国语学校的优良办学传统，在新开垦的园地上创新构想、辛勤耕耘。眼前两部著作正是他们9年不懈探索实践的心血结晶。据我所知，专著《教育力与教育关系》为该校今年即将出版的系列丛书的首部之作，也是居于丛书核心位置的统领之作。初步阅读《教育力与教育关系》书稿，笔者以为其中蕴含以下两个重要观点。

一、教育生命化的观点

第一，中小学生首先是"人"，人是万物之灵。人既是自然之人，又是精神之人；既是社会的融合，又是文化的结晶体。我们必须从生物学、生理学、心理学、教育学、社会学、文化学、历史学、行为学等多种学科相结合的境界读懂每个人的言与行。

第二，生命是人的生存实体，人的生命既有生理生命的属性，又有追求真善美的社会价值属性，这是人之生命的本质。追求发展，追求理解和认同，追求快乐和幸福，追求自我价值的社会实现，这是绝大多数人所共有的属性，也使人具有了发展才华和品德的可能。

第三，人的生命之所以可贵，一个重要根据在于每个人都具有巨大的生命潜能，有其独有的潜质和优势，都可在某些方面有所生长、发挥和成就。这种潜能一旦被激发，再加上明确的目标和正确的引导，便有可能创造生命的奇迹，显示其价值。

第四，人的生命发展最终依赖于生命主体自身能动的发展。一切生命成长所需要的环境和条件都源发于生命主体的内在需要，而且生命主体的差异决定了所需要的外部条件也具有差异性，外部条件要适应生命主体各自的内在特点，通过内因发生作用。中小学教育必须尊重青少年成长的需要、特点、规律，找寻和建构与之相适应的环境、条件、机制，实施符合生命特点的教育。而一切教育活动只有当它转化为生命主体自身需求时才是真正有效的教育。

追求生命化教育，正是9年来萦绕在南外仙林分校领导和教师心灵深处所孜孜探求的严肃课题。21世纪是以人的生命为本的世纪，这是时代发展的最强音。在这一时代脉搏跳动的音符下，以完善和优化人的素质为本质功能的教育使命正在新的历史条件下复归和彰显。人以生命为本,学校以育人为本。中小学阶段的学校教育价值在于为人的生命发展奠基。因此,关注每一生命的存在状态,唤醒每一生命的主体意识,尊重每一生命的主体个性,激活每一生命的内在潜能,提升每一生命的生活质量,实现每一生命的社会价值,是学校教育的核心使命,也是学校发展运行的出发点与归宿。

《教育力与教育关系》的价值就在于它是以教育人本思想为魂,整体建构生命化教育,将学校教育中显性与隐性的要素进行科学梳理,从而整体建构生命化教育的环境、条件、机制。这一追求生命发展、追求良好教育生态的新视角,为我们科学地进行学校管理及评估,提供了富有启发和借鉴意义的新的思维模式和操作模式。

二、唯物辩证法的基本观点

唯物辩证法是关于自然、社会和人的思维联系与发展的世界观与方法论,是关于宇宙一切事物总的根本的观点。它揭示了适应于一切领域发展的机理,是放之四海而皆准的普遍真理。

事物内外相互联系的观点是唯物辩证法一个重要的原理。例如,人的生命就是一个复杂的有机联系的整体,人的生命的成长与他的外部世界的构成有着复杂的联系。创造适宜青少年生命成长又能激发生命主体发展的环境必须依据事物内外联系的原理进行整体构建。正如钱学森所言,以系统思维为基础的管理革命其对生产力及社会发展推动的价值大约不亚于200年前第一次工业革命所产生的影响。可见基于唯物辩证法和生命发展科学的学校管理整体建构思维的客观必然性和必要性。

任何事物内外的关系既是相互联系的,又是相互制约的,既是统一的,又是对立的。所以构成的对立统一律,乃是唯物辩证法所揭示的万事万物存在着的三大基本规律之一;而其中的对立统一律即矛盾律乃是事物发展的最根本动力。南外仙林分校在生产力与生产关系之间的矛盾运动对社会发展推动的原理启示下,提出学校发展实际是教育力与教育关系矛盾运动的反映,参照生产力与生产关系互动矛盾运动的原理,首先将学校中最能动、最活跃、最首要的要素置于首要着力点,诸如,办学思想与管理者、教师素质与学生素质、资金投入与硬件设施、课程标准、课程计划与课堂教学、教育科研力量等作为学校教育力的结构要素;随着这些要素的不断变革与发展,不断调整与之必须相适应的诸如学校体制与办学环境、管理体制与管理方式、评价制度与分配制度等作为教育关系的结构要素。南外仙林分校近

9年的教育运行就是在教育力与教育关系两者矛盾的调节运行中、在不断建构完善的教育生命化的环境中促进中小学生主动健康发展的。

  作为一校之长的钱铁锋对南外仙林分校的办学理念、目标、内容、体制、策略乃至方法有一个基于自己原有工作实践、长期读书思考和经验积累的过程。在即将出版的《基础教育五十问》中可以看出，其中有不少是《教育力与教育关系》一书形成前的思想铺垫。尔后，在《教育力与教育关系》为主轴之作的统领下，明确将"理想教育"和"心理教育"作为学生发展最重要的人格动力；将"课堂教学改革"和"班级管理体制改革"作为学生主体全面发展两个最基本的平台。进而在高度重视健全人格动力和两个基本发展平台不断优化的基础上，培育促进学生综合发展的三个拓展性亮点，即"外语教学"、"科技教育"和"（校内外）第二课堂"。此外，他们还提炼总结出有助于教育力与教育关系有效互动运行的诸如"办学法典"和"国际化办学机制"等，这些不仅作为教育关系的要素对教育力各要素的变革起促进、调节和保障作用，而且对构建、形成南外仙林分校具有一定特色的学校文化起到了引领和促进作用。总之，这套丛书记录了南外仙林分校为中小学生生命发展奠基营造优良生命化教育环境的奋斗历程，记录了他们应用唯物辩证法原理，将办学的各要素置于教育力与教育关系的认识架构中，不断调适其矛盾运动的摸索过程。

  人类的文明史，从一定意义上说是人类的科技发展史。科技的发展大大改变了人类的生活方式。然而，物质生活的富足、便捷并不能替代人对精神生活的需求。我相信，对形成一个怎样的社会才对人自身更有意义这一问题，现在已越来越值得严肃思考了。今日学校教育培养的人愿意追求有道德、有精神幸福的生活吗？能够为建设更加公正和谐的社会做负责任的公民吗？好的生活、好的社会永远冀望于教育培养的人去变革、去创造。因此，对教育的探索一天也不能停息。我认为，学校的成就、教师的成就必须真正惠及学生。一切为了学生发展，为学生生命成长奠基，构建尽可能优化的教育生态是中小学教育全部工作的核心。因此，南京外国语学校仙林分校的探索是有价值的，尤其是善于思考、勇于实践的精神是可贵的。我希望孩子们在这所学校里学习是生动活泼的，教师们在这所学校里工作是胜任愉快的。是以为序。

博士生导师、原中央教科所所长 朱小蔓
2011年8月8日于北京

丛书前言

对中国基础教育的评价,流行的说法是"很扎实"。美国耶鲁大学美籍华裔教授蔡美儿所著的《虎妈战歌》,向世人展示了中国式教育所获得的"成功"(女儿考入哈佛大学),这似乎是对"扎实"说的案例式注解。在最近关于国际学生评估项目(PISA)测试阅读、数学和科学三门学科的测试中,来自中国上海的青少年学生们的得分遥遥领先于其他国家的同龄人,拔得头筹,一度令认同"扎实"说的国人兴奋不已。

然而钱学森先生晚年诘问:"我们为什么培养不出杰出人才?"

"钱学森之问"击中了中国教育的命门,再一次引发从政界到学界的不安与思考。这一问题,不但大学需要直面,中小学也不容回避。

研究中国基础教育的现状,不难发现一些我们已经习以为常的现象:整体运作方式是高强度、大作业量——中小学生学习时间之长、强度之大,用"骇人听闻"形容也不为过,为中国教育史和世界教育史所仅见;教学方式基本是"满堂灌";德育方式为"防守型",以"不出事"为底线;考试方式是以知识考查为主的闭卷式;评价制度以升学率为标准;管理方式是以升学率为中心的类似工业化管理。

如此高强度的教学,超出了学生、教师生理学意义上的承受极限。工厂流水线化的操作,使得产出品种单调,除知识外,其余方面的素质发展受限。我们可以拿下以知识维度为主要考查对象的考试、竞赛(包含国际竞赛)的桂冠,但难以培养出有创新意识的学生,从而其后也很难培养出杰出人才。这可以从诺贝尔奖提名数,国际核心学术杂志论文的发表篇数和被引用次数,国民经济尖端行业的核心技术发明状况中得到验证,甚至可以用我们在制造业中取得的利润份额佐以证明。

学校不是工厂,学生不是物品。教育不是产品的制造,而是人的塑造;不是机械的操作,而是充满智慧的创造。教育应该促成人的日趋完善,促成人类文明的传承,促成社会的进步。一桶水倒来倒去还是一桶水,教育不是升学率的游戏。大学门槛不是基础教育的终点,而是新的起点。

形成当前基础教育奇特现象的根本原因在于教育没有完成转型。众所周知,我国现代教育脱胎于20世纪40年代的苏联教育,带有浓厚的计划经济色彩。20世纪70年代以来,经过失败的"文化大革命",我国奉行改革开放政策,逐渐走上了市场经济的轨道。时至今日,市场经济在中国已不可动摇。教育属于上层建筑,应该努力适应经济基础的变化,然而,当前我国的基础教育和高等教育一样,皆为以不变应百变的套路。在办学体制、管理体制、操作方式、考试和评价制度诸环节原封未动,因而大大滞后于经济和社会的发展,故步自封,弊端丛生,也就不足为怪。中国教育改革需要的不是战术、策略的调整,而是战略的转型。

同时,作为一个行业,教育是一个系统。它不是各个分割的、独立的部分,而是一个整体;它不只是单一的层面,而是多个层面;它不是静止不变的,而是不断发展变化的。教育有其内在的基本矛盾,有其发展的基本规律,这需要潜心的观察和敏锐的发现。

基础教育的改革与其他行业一样需要从高层开始,宏观改革势在必行。当前,《国家中长期教育改革和发展规划纲要》出台,全国推广规范办学行为,大学自主招生启动,义务教育阶段校长和教师开始流动,绩效工资试行,这些都使我们看到了希望。然而,作为中观层面的学校的改革不可或缺。教育的基本运作在学校,宏观打开局面,中观实质推进,基础教育的任何改革都必须在基层学校取得经验,取得成功。任何"等、靠、要"的思想都是无益的,中国基础教育改革需要的是行动。

南京外国语学校仙林分校(以下简称"南外仙林分校")始建于2002年,是一所具有多种经济成分的股份制民办学校。南外仙林分校的创立本身就是办学体制的创新,它借鉴了国家经济体制改革的成功经验,具有《民办教育促进法》规定的"四独立"性质,是公办名校与国有企业、民营企业的成功合作。南外仙林分校有自己对基础教育的深刻理解,有自己的教育追求:绝不在应试教育中随波逐流,坚定推行教育改革,全面实施素质教育,努力办成一所为广大学生、家长、社会一致认同的好学校。

既然基础教育还未实现转型,那么就有理由对它的所有运作环节重新审视,对其不合理的部分或整体进行调整或改造。南外仙林分校崇尚"顺其自然"的原则,并把它奉为校训。所谓顺其自然,就是按规律办事——按教育规律、按儿童身心发展规律、按市场规律办事。不能蛮干,那种所谓大运动量、高强度的教育方式,已经给亿万少年儿童的身心造成了很大的伤害,给我国基础教育造成了严重的损失。

教育力与教育关系的矛盾是教育行业的内在基本矛盾,这对矛盾的运动状况决定了教育的状况、教育的质量。所谓教育力,指学校教育的总体力度和效能。它包括办学思想与学校文化、教师素质与学生素质、资金投入与硬件设施、课程计划与课程标准、教育策略与教育科研。提高办学质量就是要全面提升教育力。所有的教育行为都是在一定的条件下和一定的关系中进行的,离开这些条件和关系,教育行为无法施展。所谓教育关系,指教育行为运作的外部关系及教育者工作的客观驱动机制。它包括学校体制与办学环境、管理体制与管理方式、评价制度与分配制度。教育关系应该适应教育力的发展,否则必须调整。当前基础教育"升学率崇拜"盛行,以升学率代替教育力,将教育简单化为"应试",导致基础教育技术含量大大减少,学生素质全面降低。同时,中小学的办学体制、管理体制、管理机制、管理制度等教育关系范畴的操作呈现僵化、滞后的状态,阻碍了教育力的发展和教育质量的提升。

培养学生的独立精神乃基础教育的精髓所在。教育不是单方面说教,而是让受教育者"习得","教"是为了"不教"。市场需要的是具有独立意识和独立工作能力的人。学校的一切教育活动,主角都是学生,教师只是导演,鼓励学生大胆实践,大胆探索,不能包办代替。

基础教育阶段,所有学校都应遵循四项基本教育原则,面向全体学生,突出学生主体作用,实施有效率的教育和实施开放式教育。

教育就是使每一位受教育者各方面素质不断优化,也就是说,教育必须面向全体学生,而不是面向一部分受教育者,更不是面向极少数精英学生。南外仙林分校在义务教育段不搞重点班、实验班;不允许以学生学习成绩排名次(这是学生的隐私),取消"三好学生"评比、对学生实行6个维度20个项目的多元化评价,不对学生作整体评价;重视提优辅差,作业分层;所有的活动和管理都让学生参与,搭建学生升学"立交桥"。

人与动物的最大区别在于,人具有主观能动性。教育不能眼中无人,学生的主体作用即主观能动性应该得到最大的调动。南外仙林分校大规模课堂教学改革凸显了学生学习的主动性;班级管理体制改革保证了学生能够参与班级管理决策;少代会、学代会制度体现了学生的民主权利;学生干部竞选制彰显了学生对学校、班级事务的参与性;学生全面主导学生活动,学生社团和学生实践集中反映了学生在学校教育中的主体作用。

教育是讲效率的,投入与产出在一定的限度内成正比;超出这个限度,未必成正比,甚至成反比。大运动量、高强度的教育方式违反教育规律,也违反儿童身心发展规律。南外仙林分校坚持有效率的教育,严格规范课程计划,所有科目必须开齐,升学考试的学科不允许随意增加课时,非升学考试学科不允许减少课时,绝不搞两张课表。规范教学时间,即使初三、高三毕业班,在双休日、节假日、寒暑假也不多上一节课,绝不打"擦边球"。

学校教育不能与世隔绝、闭门操作,必须对外开放,否则经受不起实践和市场的摇晃和检验。南外仙林分校的课堂是开放的,经常向同行、向家长、向兄弟学校、向市内外专家开放;第二课堂是丰富的,科技、艺术、体育活动,6大校园文化节,几十个学生社团,校园一日实践,月月不断,周周不断,热闹非凡;学生走出校门,到工厂、到农村、到军营,在社会各个行业实践,去孤儿院、养老院,去农民工子弟学校,去贫困地区,援助弱势人群,做慈善活动、做义工,深入社会底层;学校每年都有近200名学生出国修学旅行,长、中、短期留学足迹遍及四大洲,拓宽了学生的国际视野。同时,学校还创建了中澳VCE班、中德班、中美班,加快国际化办学步伐。

基础教育阶段,在相当长的时期内,学校教育应该牢牢抓紧三项中心工作:德育领域内的理想教育,教学领域内的课堂教学改革,管理领域内的班级管理体制改革。

理想教育是德育领域的中心工作,对学生而言,积极的进取心、阳光的精神状态、对真善美的正确判断比什么都重要。为此南外仙林分校制定了《小学生理想教育纲要》和《中学生理想教育纲要》,明确了理想教育的宗旨、目标、内容、途径和方法,使理想教育脚踏实地地进行。探索出目标、班晨会、读书、影视、访谈、重大活动、社会实践及课堂教学8条途径,创造出"目标理想,三力合一",积累了目标卡、生涯规划等成功操作经验。理想教育的长期实施,使南外仙林分校的学生精神振奋,行动自信,对生活、对人生充满了向往。

当前中小学课堂"满堂灌"的教学方式是违反人的认知规律的,此种情况不改变,我们将永远无法回答"钱学森之问"。学校将课堂教学改革列为教学工作的中心环节,以只争朝夕的精神,坚定地、全方位地推进所有学科、所有年段的课改。学校创立了"学案引领、板块推进"的教学模式,在南京市教育局、教研室主持下先后两次向全市专家、教学管理者推出包括60节课以上的大型课改现场研讨会,盛况空前。到目前为止,全校70%的教师课改基本过关，其余的教师也将在今后一年半的时间内过关，新的课堂教学方式的运用在南外仙林分校已不可逆转。

班主任负责制是计划经济的产物，已不适应当前中小学班级管理的发展。学校废除班主任个人负责制，建立了班级教育小组集体负责制，在教育改革的深水区——体制改革上，做足文章。所有教师参与班级管理，日碰头、周例会、月诊断，主题班会分工，重大活动分工，值日班主任分工，牵手学生分工，学生、家长参与班级工作决策……这些内容改变了班主任个人负责之下的班级工作困境，班级民主建设、文化建设大大加强，学生、教师的生存状态发生了积极的变化，班级走入了学校管理领域的新天地。

与基层班级的改革相配套，南外仙林分校将教学处、学生处与教科室三处合并，建立起大教导处。同时，每位教导处主任担任年级第一责任人，大教导处实行"条块结合、以块为主、集中决策、分头执行"的工作原则。大教导处的建立，在很大程度上改变了中小学长期存在的德育、教学"两张皮"、"多张皮"的现象，提高了教育管理效能。

学校必须要办出特色。办学特色能优化学生的特定素质，为市场提供具有特点的人才，使学校具有活力，提高学校的办学质量。特色的形成涉及五个相互关联的因素：较高的目标，较强的专业师资，独特的操作模式，特定的设施与设备，优秀的成果。南外仙林分校的外语教学超出国家现定的外语教学大纲的要求，仅词汇量就超出50％以上，听力、口语要求更高。学校拥有130多名高水平外语教师（每人教两个小班，每个小班仅20人）和来自英语国家的30多名外籍教师。教学采用先进的"结构—情景—交际"的模式，使学生英语学习的听、说、读、写全面发展。至高二年级，学生雅思成绩基本在6.0分以上。英语特色已成为南外仙林分校在升学考试、免试保送、出国留学、学科竞赛、国际化办学等方面的突出优势。

此外，在一些关系学生重要素质而升学考试并不考查的方面，诸如心理健康教育、科技教育等，南外仙林分校也高度重视，特色彰显。

"一个好校长就是一所好学校"的论断虽有一定道理，但存在致命的缺陷。学校的发展包括三个阶段：权威管理—法制管理—文化管理。在权威管理阶段，校长的作用举足轻重，但学校的长期良性发展不能维系在个别人的身上。南外仙林分校深切领悟到这个道理，多年来集中力量加紧法制建设和文化建设，在这里诞生了被教育部高度肯定的我国中小学第一部办学法典，内容涵盖课程、德育、教学、队伍建设、保障等15个办学领域，从内涵与价值、理念与要求、目标与内容、策略与措施等方面加以规范。学校制定了《小学生守则》、《中学生守则》、《教师手册》与《职工守则》,人手一本,依法办学。学校还建立了教代会、少代会、学代会,并按民主、法定的程序规范运作。"学校文化建设纲要"也在按部就班的运作之中。

影响教职工工作积极性的"大锅饭"分配制度必须打破。基础教育应该实行真正的按劳分配,其原则是,差距不要拉太大,但必须有差距。南外仙林分校实行"结构工资制",教师的工资分为四块,以职称工资为主的基本工资按12个月发放,以课时量津贴和职务津贴为主的量化工资按10个月发放,以学期奖为主的绩效工资按学期发放,还有以节假日补贴为主的福利待遇。绩效工资权重划分为20%优秀、70%良好、10%合格三个等第,依考核结果发放。多劳多得,干得好的多得,反之少得。结构工资制的施行极大地调动了广大教职工的工作热情,提高了办学质量。

总之,近十年来的全面教育改革使南外仙林分校快速发展、科学发展,走出了一条轻负担、高质量的办学道路。学生素质全面优化,考试成绩推进显著,教师素质全面提升,整个学校民主和谐、通达进取,受到广大学生、家长和社会的普遍认同,初步实现了我们的办学宗旨。

为了系统总结南外仙林分校的基本办学经验,以使学校今后更好地发展,也为了与基础教育界同仁分享心得体会,以抛砖引玉,在南京师范大学出版社的大力指导和支持下,我们编撰了这套教育丛书。

这套丛书呈现了我们当前从事基础教育事业的战略选择。教育应该面向现代化、面向世界、面向未来,不能面向考分、面向升学率、面向高一级学校门槛。应试教育必须摒弃,素质教育必须全面施行,中华民族的复兴大业应从教育改革开始。投身这一伟大事业,这是我们的幸运,是我们的历史担当,无论这条道路有多少曲折,有多大困难、压力,我们都将勇敢面对,百折不回。教育兴亡,匹夫有责。

这套丛书表达了我们对当前基础教育的理论思考。教育要回到它的本义上来,不能好大喜功,不能拔苗助长,也不能机械操作。知识本位要让位于素质本位,教育力与教育关系的理论揭示了教育的内在矛盾,两者的矛盾运动主导了教育的运作和教育的发展,这也是南外仙林分校全部改革的理论基础。我们首次提出这个理论,希望引起教育界人士的关注和思考。

这套丛书描述了我们在当前应试教育占上风的背景下,在困顿中突围,从教育力的发展、教育关系的调整两个维度展开的全面教育改革实践。从办学体制到管理体制,从办学思想到学校文化,从课程计划到课程标准,从德育创新到课堂改革,从教育策略到教育科研,从评价制度到分配制度……我们的改革几乎涉及基础教育学校层面的所有领域,热切盼望与教育界各位同仁深入探讨。

我们期待,本丛书的问世能够引起政府官员,特别是主政教育的官员的兴趣,加快深化基础教育的宏观改革;能够引起学校管理者的兴趣,加快深化中小学全面教育改革;能够引起广大教师的兴趣,加快深化具体操作层面的教育改革。

我们是一群基础教育改革的探索者,通过本丛书向大家呈现了我们的实践和思考,呈现了一种非主流的教育方式和生活方式。由于丛书编写者来自同一个学校,难免有较大的实践局限,因此,我们真诚地期待专家和教育界同仁的审视和启示。又由于我们都是基层教育工作者,缺乏较高的理论素养,因此,真诚地期待专家和教育界同仁的批评和指正。

南京外国语学校仙林分校校长　钱铁锋

前　言

一、第二课堂的界定和诠释

第二课堂是相对课堂教学而言的。如果说依据课程标准以及相关教材，在规定的教学时间里进行的课堂教学活动称为第一课堂的话，那么第二课堂就是指在第一课堂外的时间进行的与第一课堂相关的教学活动。

从内容上看，它源于教材又不限于教材。学生参与第二课堂的所有内容，都有着明晰的教育目的。这些教育目的以青少年品德成长规律和发展需要为依据，指向青少年的能力提高和精神成长。第二课堂的活动，旨在塑造学生高尚的爱国情操，积极的人生追求，美好的心灵道德，良好的生活作风，文明的言行举止。以上都是与第一课堂相同的。

从反馈上看，它无须考试，但又是素质教育不可缺少的部分。第二课堂不像第一课堂那样有着严密的考试反馈体系，而是通过渐进式的、过程性的反馈来评价学生在其中的表现和成长。这些反馈评价的方式包括教师观察、描述性评语、项目评价、对话交流、成长记录等。

从形式上看，它生动活泼、丰富多彩。第二课堂的学习空间范围非常广大：可以在教室，也可以在操场；可以在学校，也可以在社会和家庭。这些丰富的形式和多样的空间，都对应了学生逐步拓展的生活领域和逐步成长的生命状态。

综上所述，第二课堂包含了课堂教学以外的一切传授知识、培养能力、锻造人格的活动，是对第一课堂学习的延伸、补充和发展；既是实践教学的重要组成部分，也是拓展学生视野、激发学生学习兴趣、培养学生能力、提高学生综合素质的有效途径。

二、第二课堂开展的必要性和可行性

1. 第二课堂是贯彻素质教育方针的具体举措

素质教育要求学校的教育活动面向全体学生,面向学生的全面发展,在这个过程中,开发学生的潜能,促进学生的发展,培养学生的个性和特长。第二课堂正体现了素质教育方针的特质。某种意义上,现今教育阶段,由于应试的指挥棒,第一课堂的差异很难凸显。在此情况下,第二课堂锻炼学生的创新精神和实践能力,陶冶学生的情操,能够更好地贯彻素质教育的方针。

2. 第二课堂是校园文化建设的重要领域

校园文化不仅仅体现在建筑风格、硬件设施等物质文化方面,更体现在阳光自信的学生状态、生动活泼的课堂氛围等精神文化的方面。只有物质文化和精神文化全面、协调地发展,学校才具有独特的文化现象。开展第二课堂丰富了教师和学生的校园文化生活,有利于教风建设、学风培养以及教师和学生之间关系的培养,是校园精神文明建设的重要组成部分。往往第二课堂开展得缤纷多彩、丰富多样的学校,它的校园文化也是积极的、向上的、阳光的。

3. 第二课堂是师生共同成长、个性发展的有效载体

"千校一面""千生一面",学校的同质化倾向,均被认为是学校的弊端,长期以来一直为人所诟病。实践证明,成功的教育往往在于寻找每个学生身上个性的最强点和闪光点,找到一条最能发挥他们身上创造性和鲜明个性的成长道路。实现教师和学生的个性发展,一定要破除那种缺乏生气的教与学的模式。而第二课堂正是体现多样化教与学模式的最好途径。教师可以通过第二课堂,实践多种教学方法,在第二课堂中,独立思考、合理想象会成为一种常态,提倡"异想天开",允许"特立独行",这些在正常的课堂教学中难以呈现的精神,在第二课堂中都会得到很好的展示。

4. 第二课堂是课堂教学的有机延伸

课堂教学作为最基本、最普遍的教学形式,有利于教师在同一时间、同一地点对所有学生进行同步教学,大大提高了教学的组织性、科学性和有效

性。但这种教学的弊端也显而易见:往往忽视了学生的个性,忽视了学生的精神成长。此时,全面立体有特色的第二课堂的建设可以很好地弥补第一课堂的不足,凸显学生个性,凸显更多第一课堂无法传达和体现的教育内涵。

5. 第二课堂可以满足日益增长的教育需求

教育需求已经成为广大人民群众最重要的消费需求之一。这种需求更多地体现在对更公平、更高质量、更多样的教育的需求。同时,伴随着社会经济和人民生活的发展,个性化教育的需求从未像今天这样迫切。丰富多样的第二课堂正是学校能提供给学生的优质教育服务之一。

6. 第二课堂体现了教育转型后的发展任务

伴随着教育的发展,政府进一步规范办学行为的举措使得违规补课成为历史。学校和师生会有更加充裕的时间去完成第二课堂所承载的任务。相信随着素质教育的深入贯彻和发展,我们会赢来第二课堂发展的高峰,这是教育转型后各家学校共同面对的历史任务。

三、南京外国语学校仙林分校第二课堂现状综述

第二课堂是学校实施素质教育的重要组成部分。它贯穿于学校教育教学的全过程和学生日常生活的各个方面。南京外国语学校仙林分校(以下简称"南外仙林分校")的第二课堂以青少年品德成长规律和发展需要为依据,以培养学生具有高尚的爱国情操、积极的人生追求、美好的道德心灵、自强的奋斗精神、开拓的创新精神、协作的生活作风、良好的行为举止、综合的社会适应为目标。学校坚持以学生为本,面向全体学生。其教育不是精英教育,不是部分教育,而是对全体学生负责,对每一个孩子的终身发展负责,尊重个体差异,发展其个性,开发其潜能,让学生学会做人,学会生活,学会健体,学会审美,全面协调发展,让每一个学生都在不断的成功体验中获得自信,成为具有主体精神的一代新人。学校坚持实践性和时效性原则,强调青少年的内在体验和感悟,积极引导学生广泛地参加校内外实践活动,在联系社会生活和个人生活的实践中提高认识,分辨是非,培养良好的情感态度和价值观,全面提高自身的综合素质。

几年来,南外仙林分校形成了多样化、立体化、丰富多彩的第二课堂模式。在校内,充分利用晨会、班会、夕会等德育的主阵地,通过鲜活通俗的语言和生动典型的事例,采取喜闻乐见的形式,从细节入手,对学生进行爱国主义教育、团队精神教育、环保教育、文明礼仪教育、国际公德教育、法制教育和生命教育、感恩教育等。注重发展学生全面的兴趣爱好,开设选修课共计145门,每周两次,保证每位学生每学期可以至少选修两门不同类型的课程。此外,每年9月都会进行学生社团的现场招募活动,将兴趣爱好相同的同学集中起来,为他们提供指导老师,并在每年6月进行社团巡礼活动。学生的社团有二十几个,鹤鸣文学社、创意漫画社、戏剧社、心理研习社、街舞社、计算机爱好者社团、轮滑社、魔方社等学生社团,既丰富了学生的业余生活,为学生提供了展示自我的舞台,也发展了学生的兴趣爱好,让学生在快乐中增进修养,提高素质,并满足了学生不同的特长及兴趣爱好及不同层次的需求。

学校积极营造健康向上的文化氛围,每年都举行"六大节"。9月的体育节,培养学生的拼搏精神和集体主义精神;11月的演讲节,锻炼学生的口头表达能力和思辨能力;12月的艺术节,给学生提供展示才能的舞台,提高学生的审美情趣和艺术鉴赏能力,激发学生的美好情感;3月的外语节,让学生了解国外文化,全面提高学生的外语运用能力;4月的读书节,学校举办一系列活动,扩大学生的知识面,激发他们的读书兴趣;5月的科技节,则使学生的研究意识、合作精神、解决问题的能力以及创新意识和科学探究精神都得到大幅提升和加强。

学校注重培养学生的民主意识,每年的10月学校会召开学代会、少代会,采用竞选制选举学生会成员,充分体现了学生当家做主、参与学校管理的民主意识。学校还把每年的5月20号定为"问候日",开展"微笑诠释尊敬 问候凸显魅力"的主题教育活动,并且每两年组织一次"校园文明之星"评选活动。每年的11月是南外仙林分校的爱心月,学校会组织校园爱心义卖、义演活动,组织学生代表去民工子弟学校支教,去安徽全椒贫困学校进行牵手活动。连续化、系列化、多样化的爱心教育模式让南外仙林分校的校园里时时处处洋溢着浓厚的爱心氛围。

南外仙林分校的教育内容是丰富多彩的,教育途径是广泛多样的。除了丰富多彩的校园活动,学校注重体验式教育,坚持将校外实践和公益服务活动作为学生的必修课。每年学校都会组织学农、学军、学工活动。为了培养学生的耐挫意识,每年学校都组织远足活动,徒步15 000米左右。此外,学校还长期组织开展校园一日社会实践活动:以班级为单位,每周一个班,停课一天(一般在周五,大休周在周三)进行校园实践活动。主要有下列内容:食堂帮厨,图书馆借阅服务,协助门卫进出管理,小农场劳动,校园绿化等。从2008年开始,校团委建立了校志愿者协会,除了在校内服务岗位外,同学们还在市团委志愿者工作部的组织下,参与地铁服务,担任书城志愿者、儿童医院义工等。团委指导广大团员青年走向社会,广泛开展社会实践活动:去长途客运站帮助疏散旅客;组成环保小分队,去紫金山捡拾废物,宣传环保;去河西地铁施工现场了解建设情况;去南京科技馆参与科普周开幕式活动等。十年来,南外仙林分校多名师生被南京市慈善总会授予"先进慈善义工"称号,学校还获颁慈善团体队旗。

为了引导学生走向更广阔的天地,南外仙林分校既注重对学生进行民族传统美德的教育,又注意培养学生的国际视野,做到"民族灵魂,世界胸怀"。每年的暑假,学校都会组织中美夏令营,并组织一部分学生修学旅行,去美国参加太空夏令营,去欧洲感受西方的文明,去澳洲了解异国风情等。每年学校还会选派交流使者去美国知名学校做交换生,传播学校的文化特色,学习异国的语言文字,等等。

总之,第二课堂在南外仙林分校不仅仅延伸了第一课堂,也不仅仅是第一课堂的补充,而是独树一帜,成为学校综合教育体系的重要构件,南外仙林分校的学生在其中自由地成长和发展,走向全面,走向成熟,走向责任,走向世界……

目 录

总序/001

丛书前言/001

前言/001

第一章 校园文化节日

- 书香浸润生命——读书节/001
- 播下创新的种子——科技节/004
- Enjoy English，Enjoy Life——外语节/009
- 龙腾虎跃，挥洒青春——体育节/014
- 唇枪舌剑，真我风采——演讲节/015
- 蓬勃的艺术、驿动的心灵——艺术节/017
- 饮食文化你懂吗？——校园美食节/021
- 我爱我家——寝室文化节/023
- 不一样的文化，同样的精彩——中美夏令营/026

第二章 主题活动

- 我是光荣的少先队员——入队仪式/033
- 我是校园小主人——"自立日"/036
- 红领巾，我为你骄傲——"建队日"/038
- 大手拉小手，绿色伴我行——环保系列活动/040
- 祖国妈妈我爱你——爱国主义教育活动/043
- 保护生命的通道——安全演习/045
- 今天你问候了吗？——"校园问候日"/047

- 今天我18岁——中学毕业典礼/050
- 我与青奥共成长——青奥系列活动/053
- 大爱无疆 薪火传承——学雷锋活动/056
- 我的校服我做主——校服改革/059
- 会说话的墙——壁画墙/062

第三章 爱心牵手

- 爱撒雪域 情满高原——援助藏族女孩/065
- 我们是一家人——汶川援建校园/068
- 我劳动,我奉献,我快乐——"校园爱心月"/072
- 播种爱的种子——关注身边你我他/078
- 让榜样带动更多的人——公益、志愿组织和先进爱心个人/086

第四章 社会实践

- 绝知此事要躬行——红领巾校园一日实践/097
- 在希望的田野上——土地承包/102
- 社会大舞台,人人都参与——"学军""学工""学农"/104
- 沟通创造未来——"学生使者"/106
- 读万卷书,行万里路——修学旅行/109
- 千里之行,始于足下——小学春游远足/118
- 让春光染绿双脚——中学春游远足/120
- 亲近自然,体验社会——秋季主题实践活动/122
- 我的校园我来管——值周中队/125
- 飞扬的红领巾——红领巾社会调查/126

第五章 选修课

- 开启一扇了解大千世界的窗户——儿童电影赏析/133
- 家事国事天下事,事事关心——经济新闻纵横谈/135
- 线条的世界,想象的海洋——美术选修课/136
- 缤纷的民族之花——民族舞/137

- 探寻科技模型的奥秘——伞降火箭/139
- "无名花",因为有你而精彩——一支"无名"的舞蹈队/140
- 让歌声沁润孩子们的心田——合唱选修课/143
- 动手的快乐——手工DIY/146
- 让画动起来——卡通动漫人物技法/149

第六章 学生社团

- 寻找牛顿头上的苹果——少年科学院/153
- 我是小小主人翁——少先队代表大会/160
- 足球乐园——小学部足球队/163
- 播撒中医药种子的沃土——中草药研究所/164
- 我爱陶艺——陶艺社/170
- 学做电子"达人"——电子技师社团/173
- 我的校园 我参与——学代会/173
- 请投我一票——学生会竞选/177
- 仙林溢彩 鹤鸣九霄——鹤鸣文学社/181
- 小荷才露尖尖角——小记者团/184
- 开拓国际视野,增强国家意识——模拟联合国协会/187
- "IT Dream社"——计算机爱好者社团/191
- 多元文化融通生长的乐园——中美文化交流社/193
- 舞动青春,炫出活力——B-Mus街舞社/198
- 塑造未来社会的商业精英——国际部金融社/202

后记/206

校园文化节日

读书节

科技节

科技节上同学们在进行解剖鱼比赛

外语节闭幕

体育节入场式

演讲节辩论赛

校园文化节日

美食节

艺术节

中美夏令营1

篝火晚会上同学们在跳竹竿舞

中美夏令营2

第一章　校园文化节日

校园应是五彩斑斓的,学生的学习也不应仅仅局限于课堂与书本,全面贯彻素质教育,提升学生的综合素养,为学生的终身发展奠基是南外仙林分校的追求与努力。自办学至今,学校开展了多彩的活动,校园六大节更是丰富了学生的课余生活,拓展提升了学生的眼界与能力。读书节浸润书香,提升底蕴;科技节亲身体验,创新成长;外语节语境渲染,增强表达;体育节强身健体,磨炼意志;演讲节锻炼口才,明辨是非;艺术节展示自我,乐观自信。学生在活动中体验、展示、成长,收获自信与快乐。校园六大节有相对固定的时间、传统的传承、不断创新的举措,不仅丰富了学生的课余生活,更有力地促进了学生素养与能力的提升,对课堂教学起到了很好的促进与提高的作用。

书香浸润生命——读书节

读书,可以慰藉心灵,让寂寞封存在书香中;读书,可以洗涤心灵,让人格在书中升华;读书,可以播撒希望的种子,让生命结出丰硕的果实;读书,可以插上腾飞的翅膀,让生命自由飞翔!读书应该成为一种生活方式。

建校至今,每年的4月份,南外仙林分校定期举行读书节,在校园内形成热爱读书的良好风气,用阅读引领成长,让书香浸润每一个孩子。

1. 环境浸润

读书节期间,走进校园,书香扑面而来。走廊布置,有读书感言、读书方法、读书故事等;书架、报夹为孩子们随心阅读提供便利;大屏幕上"最是书香能致远,腹有诗书气自华"的主题宣传标语向每一个学生传达着阅读的幸福;各年级的宣传栏,有"新书推荐""优秀读书笔记""诗词赏析""阅读感言""佳作天地""剪报、手抄报、电子报""读书之星"等板块。

走进教室,板报、壁报,班班有特色。有的将学生读后感辑录贴上墙,有的设置"阅读排行榜",有的是"好书推荐",有的是手抄报、小书签制作展……孩子们动手动脑,字画和谐搭配,记录着他们成长的足迹,呈现着他们阅读的收获与快乐。各班设计的读书宣言,成为全班学生共同的读书信条,以此触动学生的心灵,激起学生的读书兴趣。

2. 内容多彩

(1)读书节启动仪式。一般说来,在4月第一周的升旗仪式上,会围绕读书节主题进行国旗下讲话,向学生们介绍读书节的整体安排,渲染氛围,激发学生读书的兴趣。

(2)创意设计大赛。包括低年级书签设计,中年级连环画设计,高年级装帧设计。

(3)作家面对面。曹文轩、郑渊洁、杨红樱、金波、常新港等著名作家都曾先后来到学校,与学生面对面交流,谈作品中的人物、创作的源泉、如何对待作文等。

学校还开展了读书漂流、经典影片播放、作文竞赛、阅读知识大赛、童谣会、诗词会、评选"读书小博士""藏书小博士""书香家庭"等各种活动。

读书节板报1

读书节板报2

美文诵读

名人读书故事会

阅读指导

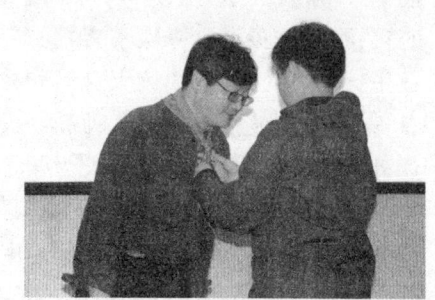
作家进校园

3. 活动掠影

(1) 跳蚤书市。

此项活动的目的在于通过旧书打折出售或换书,促进学生藏书的交流。为此,老师专门设计了"图书漂流标签",上面注有原主人和价格等信息。每个学生带自己已经读过的课外书到学校(至少一本,多多益善),自己决定相应的打折价,然后班主任安排学生在书上贴上标签,注明价格。跳蚤书市的场面相当火爆,精彩连连。每个班级都能精心设计摊位形象、摊位名称、宣传标语等。组建跳蚤书市不仅牵引孩子们走进书的世界,为他们带来一个全新的阅读空间,还让他们学会了和人交流,锻炼了他们的社会生活经验和生存技能。

跳蚤书市1

跳蚤书市2

(2) 亲子共读活动。

学校每年的读书节活动,都邀请家长一起参加。此外,为了让亲子阅读活动落到实处,学校向每位学生家长发放了一份"亲子共读倡议书",让家长明确"小手拉大手,同读一本书"活动的基本要求:每周和孩子交流一次读书心得;每月陪孩子逛一次书店,购买一本有益于孩子成长的书籍;每学期为孩子计划一次外出,读读大自然和社会这两本"大书";和孩子一起养成勤写日记的习惯,鼓励孩子向各种刊物投稿。在倡议书的最后,还附有各年级的课外阅读推荐书目,指导家长为孩子选择合适的书籍。学生放学回家、双休日、节假日与父母共读,并共同填写好"亲子读书卡"。亲子共读活动便于老师了解学生的阅读任务完成情况并对学生的课外阅读进行量化考核。同时,父母与孩子同读一本书,与孩子有共同交流的话题,便于孩子对文本的理解和父母对孩子情感态度价值观的指导,加深双方的情感交流。

(3)读经典故事,演精彩话剧。

读书节期间学校举行课本剧汇演,课本剧内容由学生从读过的书中选择精彩的情节、故事改编而成。经典故事以它扣人心弦的故事情节、个性鲜明的人物形象,让孩子们从中领略到自然的神奇,认识到心灵的真善美,感悟到生活的真谛。课本剧汇演活动,让孩子们再一次走近经典故事,演绎精彩童年。

最是书香能致远,阅读之乐乐无穷。南外仙林分校继续深入开展读书学习活动,营造浓厚的读书氛围,培养学生良好的读书习惯,倡导读书明理、读书求知、读书成才的新风尚。

播下创新的种子——科技节

南外仙林分校坚持全面素质教育,自建校以来,学校就高度重视科技教育,以课程为导向,以研究为驱动,以活动为载体,注重培养学生的科学素养。活动是科技教育最有效的途径,2003年,学校成功举办了第一届科技节,到现在,已连续举办十二届,科技节在每年的3月份举行,以"普及中提高,实践中创新"为突破口,逐步探索形成以下四大特色。

1. 制订周密计划,保证人人参与

科技节是全校师生的节日,科技节强调以面向每一个孩子为原则,不是少数精英才能参加,它面向全体师生,人人都可以参与自己喜欢的科技节活动项目。

科技节活动计划经过多次研究修改,在每学年第一学期末制订完成,以便学生提前获知活动内容,根据自己所长在寒假期间充分准备。另外,活动项目设置丰富,学生个人项目包括小制作、小发明、创意方案设计、科学幻想画、科学小报、科学小论文比赛等;班级项目包括观看科技电影、召开科技主题班队会及班级科技竞赛等;年级组项目有一年级纸飞机比赛、二年级创意服装秀亲子活动、三年级搭支架比赛、四年级科普知识讲座、五年级"科普大篷车进校园"及六年级科普知识竞赛等活动,为学生提供多个平台、多个机会参与科技节活动。

低年级学生通过纸飞机比赛来感受科技节的氛围,在玩中乐,在乐中学,在学中做,手脑并用,情智齐发,每个孩子的笑脸就是收获,每个笑语的背后都是体验。中年级的搭支架比赛和高年级的知识竞赛更是孩子们喜闻乐见的传统项目。能够让每个孩子都参加科技节,能够让每个学生都意识到这是自己的节日,能够燃起每一个心灵对科学"蠢蠢欲动"的星星之火,是科技节的初衷和最终目标。

2. 丰富特色活动,提升各项能力

科技节中,有许多主题活动,这些活动内容丰富,特色鲜明,吸引了广大学生的参与。在活动中学校注重学生各项能力的培养,通过比赛的形式,促进学生积极钻研、探索,这样学生对科学更有兴趣了,同时也真正培养了学生的能力。

如:一年级纸飞机飞行比赛,比赛项目分"空中直飞""空中侧旋""空中翻转""留空时间飞行"四个项目。一年级学生根据自己选报的项目,制作出不同形状的纸飞机。在比赛前,他们需要先开动脑筋思考,再动手设计制作。比"直飞"的机身设计得细细长长,比"侧旋"的机翼左右不对称,比"翻转"的机头就设计偏重一些,比"留空时间"的飞机翼面做得特别宽大,孩子们经过不断修改,不断调试,终于做出了飞行效果极佳的纸飞机!小小纸飞机比赛,比出了创意、比出了兴趣,大大提高了孩子们的动手能力。

一年级纸飞机比赛

3. 注重亲子活动,密切亲子关系

在科技节中,学校非常注重家长的积极参与,只有这样才能使孩子获得更好的成长。比如2012年科技节举行了三年级"搭支架"亲子活动,内容是:在各班开展小组竞赛,每组成员由4名学生及4名家长组成,比赛用1张A4纸、1把剪刀和4张标签贴,通过裁剪、折叠等方式将1张纸搭成1个支架,并能稳定站立5秒不倒算为成功,以支架高度记分。在40分钟内完成。

当班主任宣布比赛开始时,各组成员立刻行动起来,有的组孩子抢着说出自己的想法,有的组家长分析支架结构、商量具体搭法,有的组则边搭边讲边改进,每个组的成员都密切配合,有的裁纸条、有的卷纸筒,大家既紧张又兴奋,比赛进行得异常激烈。最后当一座座高塔般的支架稳稳地站立在桌面上时,孩子们欢呼雀跃,家长们脸上洋溢着灿烂笑容。这个亲子活动不仅给学生带来了乐趣,更增进了孩子与父母间的感情交流。

活动结束后,三(6)班仲世杰的妈妈激动地说:"对于用A4纸制作一个能够站立的支架,我的第一反应是不可思议,跟孩子、家人讨论研究一番发现那并不是一件不可能的事,于是动手进行尝试,甚至把身边的人都发动了起来,支架的话题成了这段时间每天的谈资、每天的功课,在单位与同事研究讨论,回到家与家人、孩子动手制作,随着制作技巧的逐步改进,支架从无到有、高度不断突破,兴奋的心情溢于言表……活动虽结束了,我的心情却久久不能平静,不为结果,只为与孩子们一起分享的这难忘的时光,享受着这不断进取、奋发向上的过程。"

评委在测量支架高度

4. 论文成果汇报,深入课题研究

论文答辩会是科技节的重头戏,它将科技节活动推向高潮。这一活动内容是少年科学院研究所的成员们将自己的小课题研究成果展示给全体师生,再对师生的提问做出解答。之前的研究,不仅培养了学生在生活中积极发现问题、提出问题的习惯,也加深了学生对问题的思考,提升了学

"小研究生"合影

生自己想办法解决问题的能力。而在答辩中又锻炼了学生表达、质疑和交流的能力,促进了学生发展。

2012年3月9日下午,南外仙林分校少儿科学院在小学部东区二楼阶梯教室举行了第九届科技节论文答辩会。答辩会由少科院副院长华婧汝同学主持,参加答辩的一共有16位"小研究生",分别来自8个研究所,他们向大会提交了8篇论文,这些论文的选题来源于学生生活,通过近一年的研究,取得了丰硕的成果。

论文答辩一览表

序号	学生姓名	报告题目	所属研究所	指导教师
1	杨依琳、潘紫菲、宫煜苒	《从众心理对我们的影响》	心理研究所	金阳子
2	郑庄奇、吴一凡、孙子炎、林泽源	《单跨与连跨的作用大吗》	国际数棋研究所	李媛秋
3	陈麒骏	《乘自动扶梯的不安全行为调查报告》	电子技师研究所1	吴玉萍
4	蔡恺文、陈律佐	《生活中的小发明》	创造发明研究所	吴婷
5	张绍易	《对双翼飞机制作的研究》	航模研究所	郭莹莹
6	华婧汝、郭沈嘉乐	《猪食豆为什么发芽慢》	中草药研究所	韩英
7	周嘉尉、于北溟	《对简易机器人制作的研究》	电子技师研究所2	张菀梅
8	龚启凡	《伞降火箭之放飞快乐》	机器兽制作研究所	张涛

通过答辩,16位"小研究生"全部晋级为校级"小研究员"。从本届论文选题来看,与前一年相比内容丰富了许多,同学们关心的课题既广泛又专业。论文答辩中,台下的同学积极提问,答辩者从容作答,气氛相当热烈。在答辩最后,学校督导室彭媚主任做了精彩的点评,点评时用了四个"好":科研态度好、内容好、质疑好、形式好。她还鼓励同学们要学会学习、学会实践、学会创造、学会合作,不断提高自己的综合能力。

每届科技节活动通过提前计划、周密部署,举办得有声有色、多姿多彩,充分激发了学生参与科技活动的积极性,丰富和拓展了学生的课余生活,培养了学生崇尚科学、热爱科学、学习科学、应用科学的兴趣,也为学生将来能走向更广阔的科学世界搭建了平台,愿科技之花永远绽放在校园,愿每位同学从此插上科技的翅膀,在科技的蓝天里展翅飞翔!

变废为宝小制作展

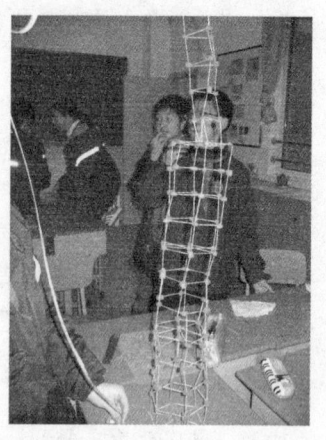
创意建筑大比拼活动

科技节小制作展

科学小报展

科学小论文展

学生参观小制作展

☯ Enjoy English, Enjoy Life——外语节

南外仙林分校是一所以外语为特色的外国语学校,外语教学有着举足轻重的地位。充满趣味、互动式、强调应用的英语课堂教学是学校外语教学鲜明的标签,受到了社会各界的广泛认可。同时,缤纷多彩、激情四溢的外语节更为学校的外语特色锦上添花。

国家教育部颁布的《英语课程标准》提倡英语教学要"拓展课程资源","体现语言学习的实践性和应用性"。为实践《标准》,更为激发学生英语学习的兴趣和积极性,学校自建校之初就确定了每年一次的外语节。到现在为止,南外仙林分校已经成功举办了十二届外语节,在每年的12月份举行。

学校外语节以培养学生英语学习兴趣,发展学生英语学习能力为宗旨,在实践中不断改进,逐步形成了"主题鲜明、人人参与、活动丰富、重在应用"的特色,既是英语课堂教学的成果展示,更为学生提供了全方位体验英语、运用英语的广阔舞台。

1. 主题鲜明

美国著名教育家杜威先生说"教育即生活",我国著名教育家陶行知先生说"生活即教育"。无论是哪一种说法,都很鲜明地表达了教育要联系生活实际的思想。南外仙林分校从社会生活实际出发,结合学校教学和学生实际情况,开展了主题鲜明、与时俱进的外语节活动。

小学部历届外语节主题一览表

届数	时间	主题
第一届	2003年	English Is Beautiful, English Is Powerful
第二届	2004年	Master English to Embrace the World
第三届	2005年	Enjoy English, Enjoy Fun
第四届	2006年	The Beautiful Environment Makes the World Go around
第五届	2007年	English Carnival
第六届	2008年	One World, One Dream
第七届	2009年	Special Celebration for Christmas and English Festival
第八届	2010年	Heart in China, Eyes on the World

续表

届数	时间	主题
第九届	2011年	Share Happiness, Fly Dreams
第十届	2012年	Enjoy Reading, Enjoy Christmas
第十一届	2013年	Better Me, Better YOG
第十二届	2014年	Respect each other

2003年是学校建校之初,为了激发学生英语学习兴趣,鼓励学生学好英语并了解学好英语的好处,学校举办了以"English Is Beautiful, English Is Powerful(地道英语,有力人生)"为主题的外语节;2005年的外语节则以"Enjoy English, Enjoy Fun(享受英语,体验快乐)"为主题,告诉学生英语学习是一件快乐的事,每个人都应该学会享受这种快乐;2008年是我国的

2008年外语节我校三年级学生向外宾介绍奥运

奥运年,学校紧抓时代脉搏,让每一位学生用英语体验奥运、参与奥运,因此,2008年外语节的主题是"One World, One Dream(同一个世界,同一个梦想)";到2012年,学校外语节已经让学生从体验到享受英语,再到放眼世界,让每一个在校学生具有"Heart in China, Eyes on the World(中国灵魂,世界眼光)"的气量和胆识,在英语学习中体验着、快乐着、享受着、进步着!

2. 人人参与

外语节不只是个别学生的节日,不只是舞台上绚丽多姿的几个节目,也不只是几个口号和几条标语,而应该实实在在地走进每一位英语老师和学生的心里,甚至是外教老师的心里。让每一个学生都参与外语节、体验外语节的乐趣,坚持外语节是所有学生和老师的节日是南外仙林分校一贯坚持的原则。

为了让学生更好地参与外语节,学校每学年开始的备课组工作计划中就初步规划了本年度外语节的方案,以保证外语节的工作可以扎扎实实地展开,并有精彩的最终汇报!可以说,外语节完全做到了"过程人人参与,精

彩大家分享"!

各年段根据学生年龄特点,外语节也呈现出不同的特色。如低年段的学生多以游戏歌曲、小报制作、一分钟演讲等形式参与外语节;中年段多以书写比赛、知识竞答、课本剧表演等形式参与;而高年段则多以辩论、演讲、短剧创作等形式参与。这些活动老师们会在开学初就告知学生,每一位学生都要参与活动,到外语节集中展示时,再选出部分优秀作品在全校甚至更大范围内进行展示。

课本剧 *The Sun and the Wind* 表演初赛

3. 活动丰富

丰富多彩的活动是外语节的一大特色。每到外语节的时候,同学们看到的、听到的、感受到的,无一不是浓浓的快乐外语氛围。同学们会听到跟平时不一样的铃声,每天的课间都会有外语节的节歌"The World Journey(世界之旅)"播放,另外还有经典英文歌曲如"Bingo(宾果)"、与时俱进的英文歌曲如"ABC Rock(摇滚 ABC)"等播放,营造一种快乐的氛围;在课堂上可以听到关于外语节的讨论,同学们畅谈自己外语节的感受;在教室里、走廊上、餐厅里甚至卫生间里可以看到各种各样的墙报、条幅和展示,这些都在提示同学们,一定要好好地享受外语节。

除此之外,每个年级还会根据自己年级的特点,开展各种各样适合自己年段特点的活动,有动有静,动静结合,展现特色。动态活动如 Whisper(传话游戏)、Happy Throwing(快乐投投投)、Story Telling(讲故事)等,静态活动如 Tongue Twister(英语绕口令)、Three Part Sentences(组装句子)、Positive Adjectives(好好形容你)等活动。每一种活动都让孩子们乐在其中,收获多多。

外语节低年段热烈的比赛现场

4. 重在应用

教育部颁布的《课程标准》指出,英语教学的目的是培养学生英语的综合语言运用能力。作为学校的特色,南外仙林分校的外语节通过丰富多彩的活动,让学生快乐的同时,更重要的目的是培养学生的综合语言运用能力。

比如,为体现"学以致用"的教学目标,并对学生进行适时合理的理想教育,中年段老师结合自己学段特色和教材特点,在外语节上开展了英文百科和标志的亲子制作活动。此项活动要求学生根据学到的知识,周末在家里与家长一起利用废旧材料等进行环保英文标志制作。这一活动大大地丰富了学生学到的内容,并对学生很好地进行了理想教育,受到了家长、学生甚至社会的一致好评。

中年段学生制作的百科知识和标志

目前,学校外语节有自己的节歌,有节徽,有口号,有轰轰烈烈的形式,更有实实在在的内容。每一届外语节都具有自己的特色,同学们在丰富多彩的活动中快乐享受,发展语言综合运用能力,形成初步的跨文化意识。相信南外仙林分校的外语节一定会像节歌"The World Journey"中所唱的:"We come to play, we come to study, from Xianlin Campus. The world is a big space, and we want to find our place."我们有理由相信:We can find our place.(我们一定会找到属于我们自己的天地。)

外语节开幕式 1

外语节开幕式 2

外语节开幕式 3

看,我们的美女礼仪队!

外语节活动之家庭爱心卡制作活动

外语节获奖选手

龙腾虎跃，挥洒青春——体育节

体育节以其具有的时代特征和独到的表现形式，成为校园文化的重要组成部分。每年9月中旬至月底，历时两周，学校开展形式多样的专题性体育活动，诸如：体育知识讲座，3分钟跳长绳，火车接力，(8男+8女)×50米趣味比赛，吉尼斯纪录比赛及田径运动会等。体育节与单一运动会不同之处在于活动的趣味性和参与者的广泛性，比赛项目的设置，也极好地体现了竞技性与趣味性的高度统一，符合"我运动，我快乐，我体验，我收获"的运动理念。活动的开展，可以促进学生体育文化知识的积累和参与体育的积极性，这些活动面向全体学生，为学生提供了展现个人才华和技艺的机会，培养发展学生个性，增强其集体荣誉感，还提高了全校师生的体育文化素养，营造了良好的校园文化氛围。

每年体育节学校成立专门筹备小组，负责运动会的筹备工作和预备会议，统一思想，明确职责，对运动会的各项组织工作一一指导、全程参与。每届体育节都有一个明确的主题。例如，第九届运动会主题为"强身健体，展现自我"，第十届运动会主题为"青奥情，仙林梦"。为把阳光体育运动和校园文化活动完美地结合，体育节的集中展示时间一般定于国庆放假前两天，学校举办盛大田径运动会，运动会开幕入场式精彩纷呈，每班各具特色，比赛过程坚持"友谊第一，比赛第二"的思想，让学生在体育节中体验体育精神，感受体育精髓，在比赛中感受身体舒展的快乐，在运动中享受成功的喜悦。

体育节开幕式

体育节入场式

体育节火炬接力

体育节获奖运动员

唇枪舌剑,真我风采——演讲节

演讲节是重要的校园文化节日,每年举办时间大约在11月下旬至12月上旬,历时两周。活动宗旨是"锻炼口才,提高口语表达能力和思辨能力"。演讲内容一般取材于学生生活实践,结合理想教育的素材,贴近学生生活,使学生有话说,比如:选择"我在成长过程中最具影响的人和事"开展"一事一议"或围绕文明、环保、法制等话题展开演讲辩论。活动形式主要有班级演讲、年级演讲、年级辩论赛、校级辩论赛等。

活动的最大特色是每位学生不论口才好坏,一律精心准备素材,选题要求能使学生有话说,能谈出真情实感,做到人人参与,不落下一个同学,实实在在锻炼到每个人。在此基础上初中组织年级演讲比赛,高中组织年级辩论赛,最后还组织校辩论队与高校大学生队举办一场友谊辩论赛,让同学们开阔眼界,激励同学们热爱演讲、热爱辩论,提升口语表达能力和思辨能力。

初中学生演讲比赛

高中学生辩论赛

附：第六届演讲节活动方案

一、活动目的

随着现代社会的发展和人际交往的频繁，口才愈来愈显示出它在一个人成长中的地位和作用。本届演讲节，要求学生通过访谈老师、同学、家长及社会有识之士，了解一个人的成长足迹，思考追求个人理想须具备哪些文明素养，演讲内容须突出理想与文明，达到鼓励学生重视口才、锻炼口才，提高思辨能力和口语表达能力的目的。

二、活动主题

理想从细节起航，文明从身边做起

三、活动时间

2008年11月23日—12月1日

四、筹备组成员

组长：张玉东　副组长：张国其（常务）

组员：郝筱雯、刁淑颖、任兴卿、程迈庆、李祥、余锋、张建荣、丁正喜

五、活动内容

项目	时间	地点	内容	负责人
演讲节开幕式	周一晨会（11月24日）	学校操场	演讲节宣传、动员会	学生会
初、高中班级演讲比赛（毕业年级除外）	周日（11月23日）晚6:40—8:00	各班教室	各班组织演讲比赛（第一时段）	班主任
	晚8:00—9:30	各班教室	影视教育（经典演讲）	级委会
	周一（11月24日）班会课	各班教室	各班组织演讲比赛（第二时段）	班主任
初一、初二年级演讲赛	周二（11月25日）中午12:30—13:35	露天剧场	初一年级演讲赛	学生会 李祥
	周四（11月27日）中午12:30—13:35	露天剧场	初二年级演讲赛	学生会 余锋
高一、高二年级演讲赛	周五（11月28日）中午12:30—13:35	露天剧场	高一年级演讲赛 高二年级演讲赛	学生会 丁正喜 张建荣
高一、高二年级辩论赛	周日（11月30日）班会课	学校小剧场	高一年级与高二年级辩论赛	学生会 年级长
校际辩论赛	待定	学校小剧场	我校高中学生代表与南师大学生代表队	学生会 年级长
演讲节闭幕式	周一晨会（12月1日）	学校操场	演讲比赛冠军表演、宣布获奖名单等	张国其

六、评委组成

初一年级演讲赛评委：程迓庆、李雪、万俐君、孙东梅及学生代表3人

初二年级演讲赛评委：刁淑颖、李祥、田江、周蔚银及学生代表3人

高中年级演讲赛评委：任兴卿、王胜、马淮滨、张勤敏及学生代表3人

高中年级辩论赛评委：王海腾、孙业忠、马淮滨、张勤敏及学生代表3人

校际辩论赛评委：郝筱雯、王海腾、孙业忠及南师大评委

七、几点要求

1. 为保证演讲人人参与的目的，要求每位学生在假期准备好演讲稿，演讲内容围绕活动主题。

2. 在班级演讲活动中，每班评选出5—6名优秀演讲选手，年级进行表彰，同时向年级推荐1名选手代表班级参加年级演讲比赛，学生处进行表彰。

3. 高一、高二年级辩论赛，两个年级各组织一个参赛队进行辩论，年级指派一名教师进行指导，辩论题目另行通知。

南外仙林分校中学部
2008年11月20日

蓬勃的艺术、驿动的心灵——艺术节

回首南外仙林分校的十二年历程，每年一度的艺术节是一张张异彩纷呈的画卷。自2003年建校以来，在学生处与艺术组的共同策划、筹备、组织下，艺术节已经成功举办了十二届。艺术节遵循学校的素质教育理念，沿着校训"顺其自然"的作风，以学生为本，挖掘其艺术才华、创新意识、表现能力，倡导人人参与，为学生艺术素养的提升提供了舞台。

每年的12月中下旬是艺术节，在长达近一个月的时间内，学校开展了丰富多彩的艺术活动。年级汇演、师生书画展、民间艺术展、音乐会、篝火晚会、闭幕式汇演……这些活动给师生们留下了深刻的印象，也成为毕业校友们津津乐道的焦点话题。十二年来艺术节系列活动逐步形成了由保留项目和创新项目两大部分构成。经过长期的积淀，现艺术节每年举行班级新年联欢、年级汇演、师生书画展、专场演出、民间艺术展、篝火晚会、闭幕式汇演这些参与度高、艺术性强、精彩活泼的保留项目。

年级汇演与闭幕式汇演是学生参与度较高的项目，它们汇聚了音乐、美术、戏剧、舞蹈、魔术等各种舞台表演艺术，综合性较强、普及面较广，深得师生们的喜爱。在为期不到一个月的时间，通过层层选拔，由个人到班级再到年级，最终产生闭幕式精品。整个过程中，筹备组强调人人参与、积极发挥

学生的主观能动性。各班制订方案,动员、组织、自编、自导、自演,全面发挥学生的各项专长,让学生能够在活动中成长。最终的闭幕式演出精彩连连,已成为每年一度的学校师生不可缺少的精神文化大餐。

专场演出是为在器乐、歌唱、舞蹈、戏剧表演等舞台表演艺术上有一定专长的同学提供的魅力舞台。同学们通过校园音乐会、戏剧片段专场演出、舞蹈大赛、歌唱大赛等不同的专场表演形式展示自己的才华。节目从班级、年级和艺术社团中选报产生,大多数参加表演的同学都曾经经过专业方面的训练,专业性较强、有一定的高度。每一届专场演出的精品效应极大提升了学校师生的艺术品位。

师生书画展是每年师生们在书法、绘画方面的一个全面展示。展览根据每年不同的特色条件开展个人展、几人展、多人展、系列展、主题展等不同的展览。展览中不乏多次获国家级、省级、市级的荣誉的师生作品,这些作品大大熏陶了师生们的艺术情操,激发了校园书画爱好者们的浓厚兴趣。

民间艺术展是每届艺术节的又一亮点。为弘扬民族文化、加强师生对祖国民间艺术的了解和热爱,筹备组每届组织校外民间艺人来校集中进行民间艺术推广以及展览。在活动中师生们能够见到特色鲜明、丰富多彩的各项民间艺术:扎花灯、制糖画、编中国结、抖空竹、画年画……许多师生在活动期间会主动向民间艺人请教学习,大家在玩中学、学中乐,收益颇丰。活动透出浓浓的中国味,师生们无不被中国的民间艺术所折服。

在每一个南外仙林分校学子的脑海深处,对艺术节印象最深刻的莫不是这样的画面:一团团燃烧着的篝火,师生们互相拉着的手、搭着的肩,忘情地围着的圈,和着音乐跳起的舞……每年艺术节的高潮项目——篝火晚会让师生们记忆犹新。这是每年一度师生狂欢、纵情舞蹈、增进情感的美好时光,活动中同学之间、师生之间更加亲近、更加融洽,一切在音乐、舞蹈、篝火、欢呼声中变得如此顺理成章。

在艺术节期间每年还会增设一些创新项目,比如:学生会文艺部组织的"仙林达人秀"、艺术组组织的艺术技能竞赛、教学处组织的艺术讲坛、美术组组织的笔会、行为艺术展……这些活动极大丰富了南外仙林分校师生的精神文化生活,营造了良好的校园艺术氛围。艺术节在每年的新年到来之际,为校园增添了一道亮丽的风景线,让校园里沐浴着浓郁的艺术芬芳,展现出了学校师生的艺术情怀,体现出了学校艺术文化的蓬勃发展。

艺术节表演 1

艺术节表演 2

艺术节合唱

附：第九届校园文化艺术节活动方案（中学部）

一、活动主题

"仙林之春" 弘扬民族文化、展现你我风采

活动主旨：积极弘扬国粹艺术，锻炼学生艺术才能，培养创新意识，丰富学生文化生活，提高学生艺术品质，创设高雅活泼的校园文化

二、活动时间

12月19日—29日

三、筹备组成员

王海韻　苏刚　刁淑颖　王建华　沈钧　蔡新星　徐俊杰

四、活动内容

1.京剧走进校园　2.第三届"仙林达人秀"　3.猜灯谜　4.师生美术作品展　5.师生笔会　6.各年级文艺汇演　7.中学部文艺汇演　8.班级联欢　9.篝火晚会

五、日程安排

时间	活动内容	地点	责任部门
周一(19日)上午晨会	艺术节开幕式	操场	教导处、团委
周一(19日)16:10—17:40	京剧走进校园	小剧场	教导处、艺术组、电教组
周一(19日)18:10—19:40	京剧走进校园	小剧场	教导处、艺术组、电教组
周二(20日)16:10—17:40	高一年级文艺汇演	小剧场	高一年级组、音乐组、电教组
周二(20日)18:10—19:40	高二年级文艺汇演	小剧场	高二年级组、音乐组、电教组
周四(22日)16:10—17:40	初一年级文艺汇演	小剧场	初一年级组、音乐组、电教组
周四(22日)18:10—19:40	初二年级文艺汇演	小剧场	初二年级组、音乐组、电教组
周一至周五(26—30日)	师生美术作品展览	艺术楼一楼展厅	教导处、美术组
周四(22日)12:40—13:30	师生笔会	图书馆外文阅览室	美术组
周一至周五(26—30日)	猜灯谜	学部走廊	教导处、美术组、学生会
周四(22日)中午(高中)、下午(初中)	第三届"仙林达人秀"决赛	大阶梯教室	教导处、音乐组、学生会
周一(26日)16:10—21:00	学部文艺汇演彩排	小剧场	教导处、音乐组、电教组
周二(27日)16:10—21:00	学部文艺汇演彩排	小剧场	教导处、音乐组、电教组
周四(29日)13:30—15:30	文艺汇演演出	小剧场	教导处、电教组、艺术组
周四(29日)19:40—20:40	各班联欢	各班教室	各班教育小组
周四(29日)18:40—19:40	篝火晚会	学校操场	体育组、总务处、电教组

六、班级、年级文艺节目具体要求

1. 节目内容积极、健康,能够反映校园生活、时代气息,大力提倡创新节目,小品和话剧表演(独幕剧)时间不能超过8分钟。

2. 各年级汇演节目的类型要求多元化,避免单一,注意控制好时间,节目单要求打印,各年级确定评委,组成节目评审小组,评出一、二、三等奖。

3. 学部文艺汇演节目选拔由教导处、团委、音乐组共同确定,各年级、班级顾全大局,服从安排调配。

南外仙林分校中学部教导处
2011年12月

饮食文化你懂吗？——校园美食节

"我们培养的学生，不仅要会学习，而且要会生活。"烹饪饮食文化是南外仙林分校文化建设的一个重要组成部分，烹饪课是提高学生生活技能的必修课。考虑到学生成长的需要、出国的需要，学校还专门组织国际高中部人员编写了一本关于营养知识、烹饪技术、中国饮食文化和家用烹饪技巧的校本教材，开设了生活技能必修课。校本教材精选了30余道制作简单、既有营养价值又能体现祖国烹饪文化的特色菜肴和面点，还特别选择了5道人们喜爱的精品西餐，以满足学生日常生活所需。

国际高中部每年6月份举办校园美食节。第五届美食节的活动主题是："美食沟通你我，分享快乐生活！"活动内容有：校园美食节开场秀；现场水果拼盘比赛；现场土豆制作比赛；现场制作销售（食品买卖、义卖），募集慈善爱心款，学习饮食理财；等等。各项活动主体是学生，学校邀请外教和家长代表、学生代表组成活动评委小组。

煮、蒸、炒、煎、炸、炖、烤……色、香、味、形、器……有时候，这些显得简单，有时候却又无比复杂。是食材、佐料、调料的配比？是对时间的精妙运用？是厨师们千变万化的烹制手法？这不是一道简单的数学题。但南外仙林分校国际高中的学生们同样可以把它做得很好。各式水果拼盘、关东煮、麻辣烫、凉皮、烧烤、水饺、煎饺、各式炒饭、鸡蛋葱油薄饼、红烧狮子头、宫爆鸡丁、红烧肉、各种做法的土豆丝、可乐鸡翅、十三香龙虾、罗宋汤、寿司、韩式三角包饭、炒年糕、三明治、意面、冰激凌……这是美食节餐厅广场上的一幕，各班自行组织摊位，集中展示各种美食的做法和烹饪技巧，咸鲜，甜咸，酸甜，酸辣，麻辣，香辣，鲜香……每一种美食，经过同学们的精心烹饪制作，呈现了不同的味型与气质。舌之所尝、鼻之所闻、心之所感，评委当面品尝，现场打分。校园美食节，既起自饮食，又超越了饮食。

第二届美食节

美食展览

品尝佳肴

部分烹饪作品展示

第三届美食节暨端午节活动

评审中

"我能我秀厨艺大比拼""义卖献爱心""弘扬华夏文明,倡导健康饮食"等主题美食节的成功举办既可以丰富同学们的课余生活,让学生奉献所能、分享快乐,增强学生均衡健康的意识,提升其烹饪技能;又能为学生走出国门后的生活自理和融入当地社会、传播祖国文化搭建平台。

我爱我家——寝室文化节

走进南外仙林分校生活公寓部,你就会被这里浓浓的文化氛围所吸引和感染。每一个角落都有师爱的暖流在涌动,都有学生的才情在飞扬,走在整洁、明亮的宿舍长廊上,望着窗台上郁郁葱葱的盆栽,时不时被过道两旁白色瓷砖墙面上那一幅幅画所吸引,周身弥漫开来一种越来越浓的家的味道——是的,这就是孩子们学校里的家,温暖而舒适的家。

温馨小家展示　　干净整洁的学生公寓

南外仙林分校是一所寄宿制学校,寝室是培养学生文明习惯和生活自理能力的重要场所,是加强学生能力素质培养的重要阵地和道德教育的重要窗口。2008年小学公寓有了一个初步的设想:每年创办一届公寓寝室文化节。几年来我们在摸索中前行,共举办了七届寝室文化节,为公寓增添了色彩,美化了学生的住宿环境,起到了环境育人的效果。

公寓部检查交流

七届寝室文化节的活动主题一览表

届数	时间	主题
第一届	2008年11月	温馨、和谐、个性
第二届	2009年11月	愉快生活 健康成长
第三届	2010年12月	平安 快乐 环保
第四届	2011年12月	学习中国传统文化 形成良好生活习惯
第五届	2012年12月	笑脸迎新年
第六届	2013年12月	盎然环境
第七届	2014年12月	寝室是我家

第一届寝室文化节期间低年级开展了叠被子比赛;中年级开展了寝室成员才艺展评比活动;高年级开展了"温馨寝室""时尚寝室""整洁寝室"的评比观摩活动。

第二届寝室文化节期间低年级用公寓儿歌对学生进行常规教育,中高年级组织学生进行"我爱我家"征文评比活动。

第三届寝室文化节期间开展了安全消防演习,利用生活指导课对学生进行安全知识教育,制作环保小报,并进行了"生活小能手""文明小标兵"的评比活动。

第四届寝室文化节期间开展了"弟子规""三字经"吟诵活动,对学生开展爱惜粮食教育,通过传统文化教育,促进学生良好生活习惯的养成。

第五届寝室文化节开展笑脸迎新年活动,留下每位学生瞬间的笑脸,作为永存的记忆。

第六届寝室文化节,通过绿色植物的装点来呈现盎然环境,为迎青奥增添色彩。

……

寝室文化节,由公寓部设立主题,各年级组根据主题讨论活动方案,生活老师们注重区分各个年级学生的年龄特点和身心发展水平,充分发挥他们的特长优势,精心营造丰富多彩的寝室文化环境。

低年级的寝室环境布置,偏重于各类卡通形象,色彩鲜艳明丽,形象夸张可爱;中年级的寝室环境布置,偏重于生活细节,在保持整洁有序的基础上,不失天真童趣;高年级则有更多让学生们发挥想象和创意的空间,自己动手去实现,以充分展现自我风采。

在寝室文化节活动中各年级积极发挥老师、家长、学生三位一体的合力作用,由班主任牵头,每班制订方案,工作分配到人,班主任多次到公寓指导工作,许多家长抽出时间与生活老师们一起布置环境,教学老师也从百忙之中关心并帮助公寓文化建设。

1. 开展各类评比

评选"公寓文明小标兵"和"生活自理小能手",获奖学生名单在小学部进行表彰,公布在校园网和学部的橱窗栏;评选"文明卫生寝室",通过评比,在各个寝室之间形成了比干净、比漂亮、比文明、比团结、比学习的良好氛围,有效地提高了学生寝室生活的文明素质。

2. 建立寝室公示栏

公示栏对学生的好人好事及时报道,对学生不文明的行为及时曝光,形成正确的舆论导向,有效促进了寝室文明新风的形成。

3. 观摩:邀请教学区老师和家长到寝室来参观公寓环境布置

年级老师发扬团队精神、发挥集体的智慧,精心设计和布置公寓环境,一年级色彩鲜艳、主题明快,一幅幅栩栩如生的以儿童歌曲为主题的彩画,都是出自生活老师的创意和手笔。例如《小松树》摆在楼道入口处,寓意着进入学校学习的孩子们能像小松树那样快快长大,《上学歌》《找朋友》《我有一双小小手》《音阶歌》,每幅鲜亮的图画中都渗透了老师对孩子们深深的爱。开学初,孩子们刚来到学校时,一双双眼睛充斥着陌生,一张张小脸庞挂着泪痕,但现在,当孩子们走进楼道,一声声"哇哇""太漂亮了!"……此起彼伏:"老师,这是我们的楼道呀,太美了!"一块彩云映衬的中英文常用短句横挂在楼道上方,从"我是小学生啦!""相亲相爱""我进步啦!",到"这里是我们的家!",与右侧墙上的彩画相映成趣!这时的孩子们,眼里透着欣喜,脸庞上洋溢着微笑,喝水时,一边排队一边欢乐地哼着"找呀,找呀,找朋友,找到一个好朋友……",快乐的声音萦绕在楼道里;排队进出楼道,一个个顾不及换鞋,上扬着小脸蛋看着彩幅画,又欢快地哼唱着……

寝室是孩子们共同温暖的家,是校园中最温馨的地方。寝室文化节上,学生和老师共同努力,一起出主意、想办法、享受活动的快乐、动手的乐趣,在增加师生友谊、增进孩子身心健康、养成孩子良好的卫生习惯方面起着积极的作用,它丰富了孩子业余文化生活,促进了师生情感交流,是南外仙林分校理想教育的一大特色。每天生活在优美、整洁、温馨、充满教育气息的寝室环境中,学生们潜移默化地受着影响,用良好的心情和心态去迎接新的挑战。

南外仙林分校小学公寓部通过加强寝室文化建设,在培养学生良好的学习、生活、行为习惯和强化学生集体意识、协作精神等方面都起到了举足轻重的作用。由此可见,寝室不单是学生生活、休息的场所,更是育人的重要阵地。南外仙林分校将持续深入地开展好寝室文化建设活动,营造良好的寝室文化氛围,培养学生的良好习惯,构建外校特色的寝室文化!

不一样的文化,同样的精彩——中美夏令营

1. 中美夏令营简介

南外仙林分校每年聘请美国在职教师暑期到学校开展为期两周的中美夏令营,进行语言文化沉浸式教学,其间外教课的课时相当于一年外教口语课时的总和,使学生提升语言素养,促进语用能力,培养思维能力,深化文化融合。2003年至2014年学校共开展了十届中美夏令营活动,聘请美国外教共200余人次,外教的课堂知识丰富,教法灵活,创意无限,寓教于乐,深受学生喜爱,获得社会各界好评。

2. 中美夏令营活动课程安排

Curriculum Schedule for Primary Department at Sino-American Summer Camp I (Grade 1—4)

Time	Arrangement	
7:00	Getting up	
7:20—7:50	Having breakfast	
8:00—8:15	Morning meeting	
	Class(odd)	Class(even)
8:20—8:55	Foreign lessons with American teachers (3 periods/day)	Optional course I (2 periods/day)
9:05—9:40		
(Fruit) 9:55—10:30		
10:40—11:15	Vacation assignment (1 period/day)	Optional course II (2 periods/day)
11:20	Lunch	

续表

Time	Arrangement	
11:50—13:50	Lunch break	
	Class(odd)	Class(even)
14:00—14:35	Optional course I (2 periods/day)	Foreign lessons with American teachers (3 periods/day)
14:45—15:20 (Ice cream)		
15:35—16:10	Optional course II (2 periods/day)	Vacation assignment (1 period/day)
16:20—16:55		
16:55—17:30	Extracurricular activities	
17:30—18:40	Having supper, bathing, watching TV	
18:40—19:30	Evening activities 1 (including swimming, watching films, Watermelon Festival, Water-splashing Festival, English Performance, …)	
19:40	1st and 2nd graders back to dormitory	
20:30	Lights out for 1st and 2nd graders	
19:40—20:20	Evening activities 2	
20:20	3rd—5th graders back to dormitory	
21:10	Lights out for 3rd—5th graders	

(PS: The schedules of odd and even classes need to be exchanged on the second week.)

Curriculum Schedule for Primary Department at Sino-American Summer Camp II (Grade 5)

Time	Arrangement	
7:00	Getting up	
7:20—7:50	Having breakfast	
8:00—8:15	Morning meeting	
	Class(odd)	Class(even)
8:20—9:40	Foreign lessons with American teachers (2 periods/day)	Maths advancement drills (2 periods/day)

续表

Time	Arrangement	
(Fruit) 9:55—11:15	English advancement drills(2 periods/day)	Optional course (2 periods/day)
11:20	Lunch	
11:50—13:50	Lunch break	
	Class(odd)	Class(even)
14:00—15:20 (Ice cream)	Optional course (2 periods/day)	Foreign lessons with American teachers (2 periods/day)
15:35—16:55	Maths advancement drills(2 periods/day)	English advancement drills(2 periods/day)
16:55—17:30	Extracurricular activities	
17:30—18:40	Having supper, bathing, watching TV	
18:40—19:30	Evening activities 1 (including swimming, watching films, Watermelon Festival, Water-splashing Festival, English Performance, ...)	
19:40	1st and 2nd graders back to dormitory	
20:30	Lights out for 1st and 2nd graders	
19:40—20:20	Evening activities 2	
20:20	3rd—5th graders back to dormitory	
21:10	Lights out for 3rd—5th graders	

(PS: The schedules of odd and even classes need to be exchanged on the second week.)

2013中美夏令营小学各连下午活动安排表

日期	一连	二连	三连	四连	五连
7月2日	开幕式	开营	报到	入营报到	开营式
7月3日	动漫天地	自由活动	卡通天地	闪亮登场——个性化自我介绍	佳片欣赏
7月4日	游泳				
7月5日	大展歌喉	泼水节	英语天地	参观校园	书香共享
7月6日	饺子节				
7月7日	故事大王	趣味活动	涂鸦Zone	套圈	游戏联盟
7月8日	大接送				
7月9日 休息一天	学生返校				
7月10日	舞林大会	老鹰捉小鸡	好书推荐	跳蚤市场	故事会
7月11日	脑筋急转弯	舞蹈秀	头脑风暴24	英语单词大接龙	英语天地
7月12日	果壳里游乐活动				
7月13日	泼水节	手工世界	英文脱口秀	"我是巧手将"	佳片欣赏
7月14日	汉堡节				
7月15日	闭营				

2013年中美夏令营小学各连晚自习安排表

日期	一连	二连	三连	四连	五连
7月2日	开营式				
7月3日	快乐涂鸦	卡通世界	图书阅览	电影欣赏	电影欣赏
7月4日	电影欣赏	折纸秀	小小名片坊	图书阅览	才艺大比拼
7月5日	图书阅览（1—6排）	电影欣赏	电影欣赏	买卖街	头脑风暴
7月6日	才艺展示	图书阅览	快乐瞬间日记秀	才艺秀	模仿秀
7月7日	西瓜节				西瓜节、图书阅览
7月8日	大接送				

续表

日期	一连	二连	三连	四连	五连
7月9日 休息一天	化装舞会	我行我秀	化装舞会	"心有灵犀"猜猜猜——猜成语	图书阅览
7月10日	买卖街	买卖街	买卖街	图书阅览	歌舞拼盘
7月11日	图书阅览（7—13排）	电影欣赏	电影欣赏	化装舞会	买卖街
7月12日	快乐折纸	化装舞会	图书阅览	电影欣赏	电影欣赏
7月13日	电影欣赏	图书阅览	水游世界——泼水节	营服涂鸦	棋牌争霸
7月14日	颁发结营证书				
7月15日	闭营式、学生离校				

附：中美夏令营外教培训会记录

令人激动的2013年中美夏令营终于拉开帷幕了！为了确保美国外教更加了解南外仙林学生的英语水平，选择合适的教学内容，7月1日和7月2日外教提前到学校参加教学培训会。

7月1日上午35位美国外教在领队Sally Lowe的带领下来到中学部二楼阶梯教室，首先Sally老师给外教们开会，强调了夏令营期间对外教的要求；其次，外事办代表学校欢迎所有的外教并将课表、作息时间表等教学资料发给外教们，并介绍了学校的教学要求；最后外教进行自由提问。下午，外教专家Lewie给外教们进行了教学技巧以及课堂活动方式的讲座以及演示；随后本校外教Bradley向外教们分享了他的中国教学经验并给外教们提出实际有效的建议，他建议外教们时刻要记住"I am in China!"，要融合中国的传统和接纳中国的文化，用宽容积极的心态度过两周的教学。

7月2日上午中小学部外语部参与中外方教师集体备课活动，按照年级分布，中方英语教师与外教进行深入沟通，给出教学建议以及要求，外教针对不解之处进行提问，效果非常好！随后，中方英语教师带领外教们进入教室进行电教设备的演示和操作，信息技术中心工作人员及时协调解决问题，下午外教们在各自的工作室进行备课活动。

从这两天的活动中，我们能深深感受到美国外教的专业和敬业！期待中美夏令营的圆满成功，相信美国外教能给每位学生以及中方工作人员带来很多惊喜！

学生作品展

校民乐团合奏

健美操、街舞、拉丁舞串烧

外教上台和学生们说再见

主题活动

毕业典礼暨成人宣誓仪式

参加青年奥林匹克文化节

主题活动

同学们在进行校园长廊壁画创作

我的校服我做主

第二章　主题活动

活动是人类生活、生产的方式,是孩子认识外部世界和客观事物、学习知识与能力的重要途径与载体。"纸上得来终觉浅,绝知此事要躬行",在活动中,学生亲身体验到知识理论的具体感知,并且在实践中领会、运用、巩固。活动使得抽象的道理具体而丰富,通过活动获得的经验和教训才真实而深刻。

南外仙林分校一直倡导让学生在做中学,在实践中成长。在这座美丽的校园里,学生们在自立日中学会自主、自立,在入队、入团仪式上懂得责任的重大,在绿色伴我行中践行低碳环保,在毕业典礼上表达感恩回报……

丰富多彩、主题鲜明的活动,生动形象的第二课堂,让学生学会了很多书本上没有的知识,让学生们在自觉自主中成长、成熟……

我是光荣的少先队员——入队仪式

孩子从出生,到上幼儿园,上小学,入队是儿童一生中首先梦寐以求的、最难忘的愿望。现代的儿童见多识广,个性开放,他们对新生事物敏感,好奇心强。将入队仪式搞好,给他们留下一个不可磨灭的印象,这对他们今后的成长乃至一生都会产生深远的影响。

在雨花台烈士陵园开展入队仪式既增强了学生热爱集体的组织观念,又激发了其做一名少先队员的光荣感与责任感。同时,把团结、合作、勇当小主人的思想教育融于其中,在小朋友入队伊始就将对队组织的热爱、对未来成长的向往深深根植于小朋友的心田,其实也是一堂生动的爱国主义教育课,这比空洞的说教更有成效。有朝一日,他们回忆起童年的这一幕,一定会津津乐道,眉飞色舞。孩提时代的激情之火,将在他们心中久久燃烧……

少先队入队

附：在烈士群雕下——一年级新队员入队仪式策划书

一、指导思想

宣传和发扬中国少年先锋队光荣的队史和精神，培养我校少年儿童热爱祖国、热爱人民、热爱中国共产党的情怀，珍惜时光，好好学习，牢记少先队宗旨，热爱少先队组织，珍爱胸前的标志。努力争当热爱祖国、理想远大的好少年，争当勤奋学习、追求上进的好少年，争当品德优良、团结友爱的好少年，争当体魄强健、活泼开朗的好少年。

二、活动目的

在纪念碑前，在烈士群雕下，通过本次活动，引导队员忆队史，温誓词，新队员入队，新干部就职，加强光荣感和责任感教育；通过展示自己在队旗下幸福的生活，来激发他们从现在做起，以实际行动为红领巾添光彩，以自己身为少先队员而感到光荣。

三、活动时间

每年清明节前，一年级和四年级全体师生前往雨花台。

四、活动内容

（一）队前教育

以队课形式让一年级的学生学习队章，学会队名、队旗、队歌、队礼、呼号、入队誓词等队前教育"十知道"，知道少先队的光荣传统，热爱少先队的标志，了解少先队员的行为标准，明白少先队员肩负的责任，并通过对少先队光荣历史的了解，明白"先锋"的真正涵义，深刻体会少先队员是每一位少先队员骄傲的名称。

（二）仪式部分

1. 宣布开始。

2. 请示报告。

3. 活动开始。

亲爱的辅导员、少先队员们，大家早上好！雨花台曾经是我国著名的风景区，可是在1927年至1949年期间，这里成为屠杀共产党人和爱国志士的刑场。在为建立中华人民共和国而斗争的历史进程中，数万优秀中华儿女为了民族的解放和人类的理想，在这里献出了宝贵的生命，用鲜血谱写了一曲曲革命先驱者的悲壮乐章。在纪念碑前，烈士们，我们呼唤你们的名字，你们把生命化成光芒，无私奉献给祖国母亲；你们把理想化成号角，鼓舞我们奋勇前进。我们少先队员永远不会忘记你们，不会忘记你们坚强勇敢的精神，更不会忘记你们曾经为祖国开设的道路。今天，我们南外仙林分校的同学来到雨花台，在烈士们注视的目光中，我们将要为新队员戴上鲜艳的红领巾。

现在我宣布，南外仙林分校"在烈士群雕下"少先队入队仪式正式开始。

（1）联合中队整队，报告人数。

（2）出旗、敬礼。——礼毕。（出旗音乐）

（3）唱队歌。（队歌）

（4）下面有请大队辅导员宣布批准新队员名单。

（5）同学们，烈士们为了解放新中国，抛头颅洒热血，用自己的生命换来了民主富强的祖国，用自己的鲜血染红了我们胸前的红领巾。共和国不会忘记他们，人民不会忘记他们，我们少先队员更不会忘记他们。同学们，当我们戴上鲜艳的红领巾，这条由烈士鲜血染红的领巾，不管我们将来走到哪里，不管我们从事什么样的工作，我们都是祖国的儿女，肩负着先烈们没有完成的事业！

下面请四年级老队员为新队员佩戴红领巾。（庆典进行曲）

（6）请各位老师为一年级各中队辅导员授红领巾、中队旗。

（7）少先队员入队宣誓，请所有新队员举起右拳跟着老师一起说。

（中国少年先锋队队员入队誓词："我是中国少年先锋队队员。我在队旗下宣誓：我决心遵照中国共产党的教导，好好学习，好好工作，好好劳动，准备着：为共产主义事业，贡献出一切力量！"）

（8）老队员寄语：在这明媚的春光中，我们站在革命烈士的纪念碑前，为一年级的弟弟妹妹们举行了庄严而神圣的入队仪式，作为老队员代表，我们心里感到无比的激动和自豪。你们的加入，为中国少年先锋队组织注入了新鲜的血液，增添了活力。在这里我代表老队员向全体新队员发出倡议：

①无论走到哪儿，我们都应该做一个文明使者。爱护我们身边的一草一木，一砖一石，乃至一滴水。

②生活赋予了我们许多，而我们更应该懂得回报，尽自己所能，为他人做一些有益的事情。比如学习中多些自觉性，不让父母及老师费心；回到家中帮助父母做一些家务事……

③我们的知识来自课堂，来自生活，来自大自然……这需要你我靠努力去获取，从而锻炼我们的意志和能力。

④健康的体魄和良好的心理素质是学生学业成功的保障，也是我们未来事业成功的保障。所以我们应积极锻炼身体，学会面对挫折和困难。

同学们，努力吧！让我们踏着烈士的足迹，勇敢地担负起祖国建设的重担，让祖国屹立在世界东方。

（9）今天一年级的同学加入了少先队，他们又有什么想法呢？下面欢迎一年级新队员代表发言。

（10）下面欢迎大队辅导员讲话。

（11）鲜艳的红领巾，是我们的荣耀；鲜红的队旗，是我们的骄傲。老师、家长、社会对我们的期望，是我们前进的航标。我们要努力努力再努力，明天属于我们，明天我们要创造出更多的辉煌！

（12）"在烈士群雕下"入队仪式到此结束。退旗、敬礼。

礼毕。（退旗音乐）

我是校园小主人——"自立日"

自主管理显民主,自律意识助成长,为了帮助学生树立健全公民意识、强化自我管理能力,提高自律精神,以"自我教育,自我管理,自我服务"为中心,努力培养学生各方面才能,从而使学生成为敢负责、有担当、重公德、讲礼仪、能创新、思进取的南外仙林分校学子,小学部在2005年提出将每周的周三定为学生"自立日",这也是结合学校管理的实际要求提出的一项新举措。

"自立日"这一天并不是没有老师管孩子,放任自流,而是成立学生自主管理委员会,由学生管理学生。这既可实现学生参与管理学校事务,加强学生的集体责任感,又能充分体现民主和人权。

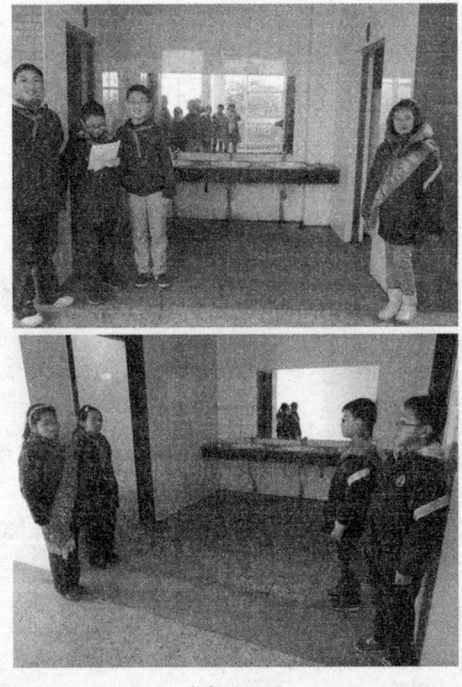

"自立日"

1. "自立日"学生自主管理范畴

（1）课间操、眼保健操检查；

（2）课间文明检查；

（3）清洁卫生检查；

(4) 主题班会检查;

(5) 纪律检查;

(6) 校园内绿化保护。

2."自立日"学生自主管理实施形式

(1) 年级自主管理:以"值周班"形式,做好本年级各班各项管理事务,并由值周班学生对各班的日常出勤、卫生、两操、自习纪律等情况进行监督、检查,形成量化赋分,评选每周的"星级文明班级"。

(2) 班级自主管理:以班级"值日班长"制度为着力点,做好班级内部的自我管理。通过学生担任值日班长为每一个学生提供参与班级管理的条件和空间,激发学生的自律精神和责任心,充分调动和激发学生自我管理、自我教育、自我发展的主动性和自觉性,培养和加强学生的主体意识和管理能力,为学生的健康成长奠定坚实的基础。

(3) 个体自我管理:按照学校自主管理精神,自觉遵守学校的规章制度,自我管理、自我约束、主动发展。结合多元评价手册,记录自己每天在学习、生活、管理中的所思所获,反思自己在成长过程中的不足,以达到自我教育、自我成长的目的。

3."自立日"学生自主管理保障措施

(1) 学校领导的支持,政教处、年级组、班主任积极配合。

(2) 制订、完善学生自主管理体系、制度、方案和活动流程。

(3) 学生层面成立学生"自主管理"委员会。督导年级值周班自主管理情况、班级值日班长落实情况,向学校领导小组反馈问题和情况。

(4) 设计制作学生自主管理标牌、值日班长标牌。

4."自立日"学生自主管理有关制度

(1) 年级值周班制度。

值周班是学生自主管理在年级层面的主要实施形式。值周班由各年级自然班依次轮流担当,承担本年级周三的常规自主管理、督促、检查、反馈和服务工作,让每一名同学都体验到管理的主体性,在自主管理的实践中增强自我管理的能力,由他律走向自律。

实施要求:

①各班按有关要求认真做好准备工作、责任分工。

②佩戴必要标志,切实起到文明服务、自主管理的模范带头作用。

③分工明确、责任到人、落实到人。

④制订本班值周宣言,做好量化管理总结,并及时公布反馈。

(2)班级值日班长制度。

值日班长制度是以班级为基础,通过让学生担任"自立日"这天的值日班长,为每一个学生提供参与班级管理的条件和空间,激发学生的自律精神和责任心,充分调动和激发学生自我管理、自我教育、自我发展的主动性和自觉性,培养和加强学生的主体意识和管理能力,为学生的健康成长奠定坚实的基础。

各班班主任按照学校有关要求落实班级管理值日班长制,协助、指导值日班长的有关工作,维持正常交接和轮转,做好监督、反馈和评价工作。

"自立日"活动的开展,不仅激发了学生敢于竞争、敢于表现的意识,同时,给学生提供了广阔的发展平台,更激发了学生参与学校管理的积极性,揭开了学校以往的"督导检查"的神秘面纱,真正实现了由学生管理学生的自主发展方向。为保证这项工作的顺利开展,学校还举办了一系列中队自主管理活动。"自立日"还在探索中前进,相信在这里会有更多优秀、出色的小干部诞生,也会有更多调皮、捣蛋的学生开始学习着自己管理自己!

红领巾,我为你骄傲——"建队日"

10月13日是中国少年先锋队纪念日。为纪念少先队的生日,让每一个少先队员都度过一个愉快、充实、难忘而有意义的建队日,引导队员们继承和弘扬少先队的光荣传统,增强少先队员的光荣感和自豪感,灌输培养少年儿童对党和社会主义祖国的朴素感情,团结教育少先队员努力争当"四好少年",引导队员在党的阳光下健康快乐地成长,南外仙林分校小学部将每年10月13日当周确定为"建队日"活动周,并开展了一系列"建队日"主题教育活动。

1. "建队日"活动周周一,组织一次升旗仪式活动

进行"建队日"专题教育演讲。大队部利用国旗下讲话,给队员们提前送上诚挚的祝福,并向所有的少先队员发出邀请,即10月13日"建队日"当天,希望所有的队员们做好"五个一":敬一个标准的队礼、戴一条崭新的红领巾、讲一个优秀少先队员的事迹、唱一首中国少年先锋队队歌、看一部爱国主义电影或动画。

2. "建队日"活动周周三中午,参观少先队室

少先队室是对队员进行教育的最好阵地,各班同学在中队辅导员的带领下参观队室,看着宣传园地重温我们的队组织走过的辉煌历程。大队部还安排大队委员介绍了近年学校突出的优秀队员的事迹。小老师们讲解得认真,队员们聆听得仔细,参观结束后队员们由衷地为我们的队组织感到骄傲,同时更坚定决心:要用自己的努力与行动为红领巾增添新的光彩。

3. "建队日"活动周周三下午,各班级召开"建队日"主题教育班会

各班少先队员在辅导员的指导下了解少先队基本常识(少先队的由来、队礼、红领巾的含义),并学会敬队礼;了解中国少年先锋队章程;通过优秀少先队员的事迹,激励他们继承和发扬少先队的光荣传统,增强他们的光荣感和自豪感,并对如何做一个新时期的"四好少年"展开讨论。

在"建队日"活动周中,大队部还对即将入队的少年儿童进行队前教育,让他们知道少年先锋队的队名、队的领导者和入队目的、入队要求,知道红领巾、队旗、队徽、队礼、呼号及其意义。

4. 利用学校宣传栏、红领巾广播站、班级黑板报等,介绍少先队知识

校园广播、各班的黑板报,这些孩子们的日常所闻、所见,学校都进行了有效的利用,在广播内容及板报的布置中,注意将队知识进行普及和宣传,让每一个队员都了解自己的队组织,并以自己是一名少先队员为荣。

5. 利用周末,学校大队部开展"红领巾为你挂奖章"活动

组织少先队员走进城镇乡村、厂矿企业、科技园区、高等院校、科研院所,走近道德模范、美德少年、科技精英、企业高管,与"三创三先"的先进单位及人物"手拉手""面对面"。充分尊重学生们的自主性和首创性,激励学生们通过个性化方式,自由设计、自行制作奖章,为体现江苏精神的单位发奖,为体现江苏精神的人物挂章。活动的开展,让全体少先队员受到了一次生动的、深刻的思想教育,对家乡与少先队的光荣历史、革命传统等有了进一步的了解,培养了社会责任意识。

学部通过一系列有声有色的"建队日"活动的开展,既让少先队员们共同度过了一个欢乐、有意义的中国少年先锋队的"建队日",更激励教育了少年儿童听党的话,热爱自己的祖国,热爱自己的家乡,热爱自己的学校,努力学习,锻炼身体,培养能力,立志为建设有中国特色社会主义现代化国家贡

献力量,努力成长为社会主义现代化建设的合格人才,做共产主义事业的接班人。

大手拉小手,绿色伴我行——环保系列活动

我们共同拥有一个迷人、富饶、可爱、人类赖以生存的地球。她无私地奉献给了人类碧波万顷、鱼虾成群、千帆竞发的大海,辽阔无垠、牛羊遍地、万马奔腾的草原,高耸入云、雄伟壮观、绵延万里的山峦……啊,她给我们的太多太多……就连我们的生命,我们赖以生存的环境也是她的赐予。我们应该报答我们共同的恩人,保护我们唯一可以依赖的生存环境,再也不能挥霍不多的洁净的空间与土地。

环保活动 1

环保活动 2

为此,学校开展了系列环教活动,利用校处大学城的优势,积极和大学环保社团联系,邀请大学生担任讲师来校开展环教。几年来,南京师范大学、南京邮电大学、南京中医药大学分别在南外仙林分校小学部成立了环境保护教育基地,定期组织针对三年级、四年级小学生的环境保护教育,通过环境保护教育游戏、PPT 展示、图片展示、动物标本展等一系列活动,激发和鼓励孩子们对环境保护的关注和环保意识的加强,取得了不错的社会效益和影响力。

"哇,那件裙子真漂亮!""颜色搭配得真好!"在多媒体教室内,几名"模特"正伴随着动感的音乐在讲台前进行服装展示,台下五十多名小学生们或坐或立,兴致勃勃地给予着点评……这场别开生面的"服装秀",其实是学校环境保护教育课上的一幕,"模特"全部由学生客串,而他们身上别致的"服装"是用旧报纸、编织袋和饮料瓶等废弃物设计制作的"环保时装"。

"同学们知道吗？垃圾是一种放错地方的资源,有一些垃圾是可以被回收再利用的,你们的生活中有这样的例子吗？""我把废弃的易拉罐顶端剪掉,里面塞上纸屑,就做成一个笔筒了。"三(2)班一名学生站起来骄傲地说。"这位同学真棒！实际上垃圾分为可回收垃圾、厨余垃圾……"南外仙林分校环境保护教育课就是这样寓教于乐,让学生在轻松、愉快的气氛中学习环境保护知识、培养环境保护意识。

"南京目前每天要产生近6 000吨垃圾,这些垃圾会被运送到垃圾处理厂进行填埋……""往地下埋垃圾,会不会让土里的蚯蚓都消失了？"听着老师的讲解,四(1)班有位学生有些担忧。"这些小学生已经具有了一定的环境保护意识,这样的进步令人欣喜。"南京邮电大学环境保护协会负责人兴奋地告诉老师。

"自己以前也有过随手丢纸屑、饮料瓶之类的坏习惯,后来改为扔进垃圾桶,觉得这样就是环境保护了。"学校一位大队委员回忆说,自从加入校环境保护协会,了解到更多的环境保护知识,她的视野变得豁然开朗。"出门的时候尽量步行或者骑自行车,去吃饭时尽量自带餐具,至少拒绝使用一次性餐具,去超市买东西自己带布兜,而不是用塑料袋……其实环境保护就存在于我们身边的每一件小事中。"她侃侃而谈,"每个人都能为环境保护尽一份力,想要影响别人,就要先从自己做起。"

环境教育要从娃娃抓起,他们不仅要学习基本的文化知识,也要学习环保知识。大学生是环境宣传的强大力量,学校正好通过这种方式为大学生和小学生搭起一座桥梁,让孩子们从小了解环保知识,培养良好习惯,从而真正推动环保事业向前发展。

环教活动的开展让同学们了解了更多的环保知识,抒发了对自然的崇敬、对美丽家乡的热爱,以及对环境现状的忧虑和保护环境、改善环境的急切心情,也培养了他们的环保道德,让他们能自觉维护校园环境及赖以生存的大自然,用心积极营造保护环境从我做起、从现在做起、从身边小事做起的生活氛围和学习氛围。

除此之外,小学部每年还开展环保系列活动。

1. 保护环境　爱护家园——对环境保护说OK！

一个人的誓言让人终身难忘,一个人的誓言能否生效可以检验他(她)是否诚信;一个集体的誓言可以教育一批人,可以感化其他人,更能促使一群人坚持不懈地为环保事业而努力,尽到自己应尽的职责。因此,学期初各班积极组织动员,精心起草环保誓言,全体同学当众宣誓。

2. 绿化校园　美化教室——优化环境见行动!

二月的风给我们带来了春天的信息,又一年的种草植树的好季节来到了。为了使校园环境更充满生机、活力,教室更有教育意义、更有大自然的气息,学校要求各班根据实际情况开展"绿化校园　美化教室——优化环境见行动!"为主题的活动,从而让学生在一个优美的环境中学习生活。

3. 坚守岗位　维护绿化——人人护绿有岗位!

植树种草的行为不能只是短期的努力,而应该成为全校师生一种长期的行动。假如我们能做到长期关心、呵护花草树木,树能长绿、花能常开,我们也将生活在一个芳草遍地、绿树成荫、鲜花簇拥的美丽校园,那该有多好呀!因此,学校要求各班根据校园内的绿地分布情况找护绿的岗位,进行长期的护绿活动。

4. 关爱生命　与鸟共舞——做鸟类的忠实朋友!

四月份的第一周是我国的爱鸟周。自从有了人类,人类就与鸟类结下了不解之缘。许多鸟儿不仅有美丽的羽毛,而且有着婉转的歌喉,还是许多害虫的天敌!有了它们,农民有了农业生产的助手,老人不再寂寞……鸟儿确实是我们的好朋友!每年四月,学校还组织开展"关爱生命　与鸟共舞——做鸟类的忠实朋友!"的主题活动。

5. 珍爱地球　从我做起——平时做到"五个一"!

一个人的行为习惯是从点点滴滴的小事内化而成的,让学生从小事做起来保护环境是很有效的。学校鼓励、倡导各班开展"看一本环保的书、听一首环保的歌、做一件对环保事业有利的事、写一篇关注环保的作文、学一种环境保护的技能"的"五个一"活动。

6. 深入社会　显显身手——为环保事业献份力!

学生不仅是学校的学生,更是社会大学的学生。让学生贴近生活融入社会,学生将学到更多的知识、更强的技能,为将来的环保事业注入鲜活的血液。因此,学校在每年六月到暑期这一个时间段着重开展"深入社会　显显身手——为环保事业献份力!"的主题活动。

祖国妈妈我爱你——爱国主义教育活动

爱国主义是推动我国社会前进的巨大力量,是各族人民共同的精神支柱,是中华民族的光荣传统,是社会主义精神文明建设主旋律的重要组成部分,同时也是培养"四有"新人的基本要求。在师生中深入开展爱国主义教育,培养爱国主义情感,有利于引导广大学生树立正确的理想、信念、人生观和价值观,自觉履行爱国主义责任,有利于培养合格的社会主义建设者和接班人。

学校紧紧围绕爱国主义主题,开展了内容丰富、形式多样的爱国主义教育活动。

1. 坚持每天升降国旗

把升降国旗仪式作为爱国主义教育的重要载体,重视每周一的升旗仪式,在坚持重大节日、纪念日举行隆重升旗仪式的基础上,进行国旗下讲话,通过升国旗、唱国歌活动对学生进行爱国主义教育,使每个学生都学会唱国歌,准确理解国旗、国歌、国徽的象征性含义。

2. 开展唱革命歌曲、看革命电影活动

积极组织学生开展唱革命歌曲、看革命电影活动,积极营造健康高雅、生动活泼的校园文化氛围,展现青少年学生热爱祖国、朝气蓬勃、昂扬向上的精神风貌。小学部把每年的5月定为校园艺术节,开展校园风采展示活动,进行全校性的红歌会,还开展百部爱国主义教育影片展播活动,结合学段学生实际情况让学生选看1—2部影片,观看之后每人写1篇观后感。推荐优秀作品上报。

3. 开展"十个一"爱国主义主题教育活动

即:读一本爱国主义题材的好书、写一篇以爱国主义为主题的作文、开好一次爱国主义教育主题班(队)会、参加一次爱国主义教育实践活动、举办一次爱国主义知识竞赛、组织一次以爱国主义为主题的演讲比赛、组织一次爱国主义故事大赛、举办一场文艺演出、开设一门特色爱国主义教育课、召开一次表彰奖励大会等。

(1) 推荐每个年级课外阅读一本爱国主义题材的书籍,并进行读后感的交流,评选优秀文章。(时间:5月)

(2) 从开学起利用每天的早读进行《弟子规》的诵读,以"国学经典名句,文明健康用语"为主题,开展"我最喜爱的国学经典名句"作文比赛。(时

间:9月)

(3)召开一次主题班会。在开展主题调查活动的基础上,组织召开主题班会,以"新中国成立60年来衣食住行、家乡面貌等方面变化"为线索去了解和感受我国60年来取得的伟大成就,从而激发学生爱家乡、爱祖国的热情,以激发学生的民族自豪感和自信心,让学生在交流调查情况的基础上更加真切地感受祖国的繁荣和富强,引导学生思考在为祖国的繁荣富强而自豪的今天,应当如何为祖国的发展贡献自己的力量。开展相关图片征集活动,关注学生良好行为习惯的养成教育,组织"做一个有道德的人"摄影作品比赛,让学生用镜头捕捉身边的文明礼貌行为和好人好事,在拍摄过程中切身体会到养成良好行为习惯的重要性,进而自觉践行社会主义荣辱观。(时间:6月)

(4)以社会实践为主要形式开展道德实践活动。将少先队活动和争当"四个好少年"活动相结合,组织学生参观爱国主义教育基地,继续深入开展以"好习惯伴我快乐成长"为主题的感恩实践、环保行动、爱心行动等实践活动,培养学生的奉献意识和社会责任意识。(时间:全年)

(5)以"弘扬和培育民族精神教育月"为契机,开展"我们的节日"风俗民情教育活动、冬至包饺子等活动,让学生在了解祖国各民族传统节日风俗民情的过程中,体味祖国大家庭的美好、和谐,从而巩固学生民族团结、热爱祖国的思想意识。(时间:4月、12月)

爱国主义教育1

爱国主义教育 2

（6）举办一期手抄报、黑板报、电脑绘画比赛。通过具体、生动的图片和文字材料激发广大同学作为中国人的自豪感和爱国热情。（时间：5月和10月下旬）

（7）充分调动学生积极性，开展讲爱国故事、演讲比赛及知识抢答赛。

保护生命的通道——安全演习

为了保障学生在校的生命安全，提高学生在自然灾害（如地震、火灾等）来临时逃生的能力，南外仙林分校每学期都要组织全校师生进行安全逃生演习。演习的频率基本保持在每个月一次。刚开始时，会事先通知全校师生，并做好动员，告知师生演习步骤、线路和要求，在关键的路口或楼梯道安排老师护导，以确保演习的正常进行，确保演习过程中不让一个学生受到伤害。经过几年的训练，师生们已经对演习的套路了如指掌。现在在安全演习前，已经不再预先告知了。只要警报响起，全校师生就会立刻行动起来，按照规定的线路，迅速撤离教学楼，到达指定的安全区域，双手抱头蹲下。带班老师清点人数后快速汇报，全校师生安全撤离后，再慢慢返回教学楼继续正常课务工作和学习。现在全校的撤离时间基本稳定在两分钟以内，且无人受伤。

演习前宁静的校园

警报响起,孩子们迅速撤离教学楼

到达安全地带,孩子们抱头蹲下

附:2013—2014学年学部逃生演习方案

为保障全校师生人身安全,增强师生们在危害发生时的自我保护意识和技能,熟悉教学楼里的逃生路线,学部将每月进行全校性的逃生演习。具体安排如下:

一、演习步骤

1. 前期准备工作:由教导处制订逃生演习方案,规定路线和要求,安排各岗位人员。

2. 预警性动员:演习前各班级动员,对学生提出注意事项和要求,规定好演习警报提示。(若演习不事前通知,此项不必执行)

3. 发出演习警报,演习开始:各班级在教育小组老师的带领和指挥下,沿规定路线迅速撤离教学楼,并到指定地点汇合后清点人数。

二、教师岗位安排

1. 各楼层楼梯口:由当天的护导老师站在楼层两边的楼梯口,指挥学生沿楼梯右侧小步快走,提醒学生不哄闹、不推搡、不大声喧哗、不回头找人、不蹦跳台阶,若遇到特殊情况,要立即干预,防止出现伤害事故。(若演习不事前通知,此项不必执行)

2. 跟班人员:各班级由教育小组的老师带领,沿规定路线分两路纵队迅速撤离教学楼。教育小组的老师应合理安排,站在班级队伍的前、中、后相互呼应,指挥学生,最后一名老师要确保教室里不留一个学生,方可撤离。

3. 保安:由保卫处安排6名保安,在各个关键转弯口执勤,防止学生跑过路口时发生冲撞。

4. 临时救护站:由校医务室安排人员和相关物品。

三、逃生路线

1. A幢一楼的各班级学生,直接从教室前后门跑出,穿过乒乓球台沿小竹林步道快跑至中学田径场蹲下。

2. A幢二至四楼的各班级学生以06小教室为界,分别从两侧楼梯口小步快走下楼,靠东侧楼梯口近的班级学生下楼后直接到小学田径场蹲下;靠西侧楼梯口近的班级学生下楼后快跑到中学田径场蹲下。

……

四、注意事项

1. 各班级教育小组的老师在拿到此方案后,须对全班学生动员一次,熟悉逃生路线,教授一些相关逃生知识、技巧及注意事项。

2. 各岗位执勤老师须在演习前3分钟到岗,确保演习过程中无人为伤害事故。

3. 演习过程中,所有教师和学生都须徒手撤离,不要拿教室里的任何物具或私人物品。在得到可以回教学区的明确指令后,方可回教室。

4. 此方案未提及的范围,现场具体情况各班级灵活处理。

5. 此方案随时进行,以警报为令。

今天你问候了吗?——"校园问候日"

问候是最温暖的语言。一句问好,一声祝福,甚至一个微笑都会让我们感受到彼此的默契与关心,让校园更加和谐温馨!

问候是一缕沁人心脾的风,在炎炎夏日中驱赶内心的烦躁;问候是苍茫大海中隐隐发光的灯塔,指引人们归航的方向;问候更是充满深意、发自肺腑的关怀,带领我们在前进道路上披荆斩棘、乘风破浪。问候可以使我们精力充沛、保持好心情;问候可以消除陌生人的隔阂,让彼此很快熟识;问候更可以化解吵架者之间的矛盾,营造融洽的气氛。

为了能给全体学生表达温暖心意搭建平台,培养良好的文明礼仪习惯,南外仙林分校中学部从2009年开始,将每年的5月20日定为"校园问候日"。"5·20"寓意"我爱你",在这个温馨美好的日子,校园里到处可见笑意盈盈的面容,随处可闻亲切温暖的问候。几年下来,在校园里,同学之间、师生之间、同事之间,彼此见面微笑问候已蔚然成风,文明礼貌如一缕和煦的春风吹拂着仙林美丽的校园。

"问候日"签名活动

1. 全员参与

为了使校园问候成为学生的日常习惯,让每一个学生真正意识到文明礼貌的重要性,并将其化为具体可行的实际行动,南外仙林分校中学部在"校园问候日"活动中,充分发挥了学生的主体作用。在校团委的精心组织和策划下,校学生会牵头,充分发动每一班、每一团支部、每一位学生的主动性,调动起大家的积极性。校园问候活动中,人人有事做,人人都是活动的主角。校园问候行动虽然只有5月20日这一天时间,但是准备时间长、参与人员广、影响大,取得了良好的活动效果,确实彰显了"自主"的学风。

校园问候,问候的应该是南外仙林分校的每一个成员,让每一个人都能同享这和煦的春风。问候活动,不仅提倡学生之间、师生之间相互祝福问候,更提倡"推己及人",问候身边的每一个人,哪怕他不是自己的同学或者老师,将这一份浓浓的爱意播撒出去。校园中默默劳动的保安、食堂员工、清洁工、水电维修工和花木工人……这些普通的人群,为校园每一天教学、生活工作的有序运转提供了有力的保障,也许他们会被人忽略,但是,在南外仙林分校,在5月20日这一天,他们绝对不会被漠视,一早起,每一个工人就能不断地听到问候声,收到一份份小礼物……这些问候使他们感受到了尊重与关怀,常常令他们感动不已,以更用心的行动来祝福这座美丽的校园。

2. 爱满校园

每一年"校园问候日"的清晨,团委学生会成员以及各班班长、团支书,身着整齐的校服,在校门口迎接每一位师生的进门,"同学,早上好!""老师,早上好!"……整齐有力的问候以及充满敬意的九十度鞠躬,让一进校门的老师欣慰,让一进校门的同学感动,他们心中的温暖透过脸上掩饰不住的笑容荡漾开来。

走进教学区,随处可见各种问候的招贴画、宣传标语,温馨的气息扑面而来。

当国旗缓缓升起之后,学生会主席进行了国旗下讲话。柔和的音乐配上温情的语言,让每个人听了,心里鼓荡起想要立刻抱住身边的朋友或老师说一声"我爱你"的热情。

晨会结束了,但是校园中的问候行动才刚刚开始。

每一个课间,学生会成员奔走于校园之间,给每位老师都送上了暖人的祝福。办公室里满屋的老师,脸上满是期待又欣喜的表情,让每一个人深刻地感受到:原来给别人哪怕小小的温暖与问候也是这么开心与幸福的事。

中午,在食堂,迎接忙碌了半天的教职员工的,不仅是香喷喷的饭菜,更有学生可人可心的笑容与问候。

下午,班会课上,各班教室中讲台上,学生们会用各种人们喜闻乐见的形式,来阐释他们对问候的理解,来抒发他们对问候的表达,其间,你能看到家长的身影,甚至保安、工人的身影……没错,他们被邀请来,一同参加这温暖的节日,接受学生们最诚挚的问候!

夜幕四垂,这一天学生们传递出满满的问候,也收获到满满的问候,这芬芳温暖将沉淀在他们成长的岁月中,化作他们宝贵的精神素养!

欢迎您,亲爱的老师、同学

3. 传承沿革

第四次中东战争期间,为促进埃及与以色列之间的和平,1973 年 11 月

21日,来自澳大利亚的姆可马克与米切尔两兄弟,自费印刷了大量有关问候的宣传材料寄给世界各国政府首脑及世界知名人士,向他们阐述设立"世界问候日"的重要意义,第一个"世界问候日"就此诞生。

四十多年过去了,"世界问候日"的宗旨由最初呼吁世界和平,发展成为以促进人类相亲相爱为主题。南外仙林分校的"校园问候日"既有着与之一脉相承的理念宗旨,更有着自己独到的特色和创新。

南外仙林分校的"校园问候日"具体而实在,它立足校园,紧密联系理想教育,从学生实际出发,充分发挥学生的主体作用,通过学生的主动参与,进而将文明礼仪内化为学生的习惯、素养,既营造了和谐融洽的氛围,也提升了学生的精神与气度。

南外仙林分校的"校园问候日"活动形式多样。"年年岁岁花相似,岁岁年年人不同",多届"问候日"举办下来,已经初步形成一定的模式:清晨校园各大门口的迎接、校园晨会的讲话动员、中午食堂的问候祝福、各班主题班会……

但是,每一年,校团委学生会又会在原有基础上努力创新、突破。原来,校园问候日的对象是学生与老师,现在这一范围已扩展到学生与学生之间、老师与学生、老师与老师之间,目前,校团委学生会又将问候的对象拓展到校园中普通的职工,使得问候的意义得到了真正的体现!

为了能让学生拓宽视野,了解世界各国的问候礼仪,在校团委学生会的策划下,初中各班精心制作了介绍世界各国礼仪文化的展板,极大地丰富了"校园问候日"的内涵和品位。

"校园问候日"传递着发自内心的朴素的情感。当看到一张张笑脸、听到一句句问候,我们知道,所有的人,其实都有着共同的憧憬,那就是生活在和谐、友善的环境中,体会温馨与感动。

今天我18岁——中学毕业典礼

如果说中学生活是一本书,被莘莘学子一页页翻过,那么最后的毕业典礼就是那厚重的封底,它满载着沉沉的回忆、浓浓的祝福和期冀。

很多学生说,毕业典礼是我们最重要的一堂课!

很多家长说,毕业典礼是我们最隆重的节日!

学校、学部领导对历届毕业典礼也是高度重视,经过多年的精心策划、运作,南外仙林分校的毕业典礼已形成了"参加人员众多、内容隆重热烈、形式活泼多样"的特点,成为众多学子和家长终身难忘的辉煌时刻。

高三毕业典礼

1. 参加人员众多

每年毕业典礼上,应届毕业学生和家长悉数出席,有的学生父母双双到场,相关学校领导率领全体教师莅临典礼,同时还有特邀的嘉宾,会场中济济一堂,洋溢着浓浓的节日气氛。到场的领导、家长、嘉宾都来为每届南外仙林学子见证这一重大的节日,为每位南外仙林学子祝福美好的明天。

2. 内容隆重热烈

雄壮威严的国歌拉开了毕业典礼的序幕,校领导回顾了毕业生高中三年的学习情况,对大家顺利完成高中课程表示了祝贺,给大家提出了殷切的期望和要求。语重心长的话时刻鞭策同学们奋勇前行。

在南外仙林分校学习、生活的日日夜夜,老师陪伴着每一位学生茁壮成长,付出了辛勤的汗水,倾注了真挚的情感。毕业之际,教师代表深情地表达了对同学们的眷恋之情,寄予了良好的祝愿,说出了全体老师的心声:不管学生们到了哪里,老师会永远和他们在一起。

三年风雨同舟,陪伴学生们长大的还有默默关心、理解、支持他们的家长。看到自己的孩子羽翼渐丰、振翅高翔,家长们更是感慨万千,他们感谢南外仙林分校先进的教育理念和卓越的教学成就,感谢南外仙林分校老师们的辛勤耕耘、无私奉献!

"三载励志求学,一朝鲲鹏展翅!"回顾三年的学习生涯,学生代表深情地表达了对母校、对恩师的眷恋与感谢,对同学、对朋友的依依不舍,更表示将带着老师的期望、带着父母的期望、带着南外仙林校园美丽的风景走向漫漫征途,把学校的殷切期望,把老师的几多叮咛,化为学习、奋斗的动力,拿出自信、勇气,去挑战明天,并祝愿南外仙林分校桃李满天下,明天越来越美好!

毕业典礼整个过程隆重、热烈、有序,学生、家长、教师共同回眸往昔岁月、展望灿烂前程,抒发内心的感恩与祝福之情。

3. 形式活泼多样

毕业典礼隆重而庄严,凡是出席的家长和老师均是正装到场,这既是出于社交礼仪,更是为了共同见证、祝福这一神圣的时刻。平日穿惯了校服的学生,换上了隆重的礼服,昔日的青涩学生,如今西服革履、盛装礼服,顿时长大成翩翩少年、窈窕淑女,让人眼前一亮。

最让学生和家长难忘的是毕业证书颁发仪式。寒窗旁、明灯下,数载辛勤耕耘,终于迎来这激动人心的时刻。身着正装的学生列队而上舞台,从学校领导手中一一接过自己的毕业证书,深深一躬,感谢辛勤培育自己的恩师和母校、感谢辛勤哺育自己的父母,台下掌声四起,闪光灯不停闪耀……这是一个终点,一个学业阶段的结束,更是一个起点,一段崭新人生的开始,羽化成蝶,长风破浪会有时,直挂云帆济沧海!

为感谢母校和恩师辛勤的付出、真挚的情感,全体毕业学子,留给学校、老师一份赠别礼物,感谢师长恩,珍藏母校情,在南外仙林分校的校史上写上具有特殊意义的临别篇章!

为了庆祝毕业学生长大成人,典礼仪式上树立起了一座瑰丽的青春之门,一座用鲜花和绿叶、掌声和祝福装饰而成的青春之门。学子们从这道门鱼贯而出,带着师长们的嘱托和期盼,脸上满是庄重与喜悦。穿过青春之门的学子,穿上了传统的汉服,以庄重典雅的汉服成人礼来宣告自己的长大。成长意味着告别过去、脱去稚嫩、迈向成熟,为追求自己的梦想而整装待发;成长意味着淡去少年的轻狂,主动挑起对家庭、对社会的责任,也意味着与沉稳与睿智相约,书写人生新的篇章!

毕业不是结束,而是欢呼开始;毕业不是庆祝完成,而是宣布进步。我们衷心祝愿,南外仙林分校莘莘学子的青春之舟在新的岁月港湾里起航,直挂云帆,乘风破浪!

我与青奥共成长——青奥系列活动

2010年2月11日(温哥华当地时间10日),在温哥华举行的国际奥委会第122届全会决定,将2014年第二届夏季青年奥林匹克运动会的承办权授予中国的南京市。消息传来,南京青年为之欢欣雀跃。为了青年,基于青年。南京青奥会将成为世界青年健康、快乐、成长的舞台,来自世界各国的青年相聚金陵,共享青春盛典! 所有青奥会参与者欢聚在奥林匹克价值(卓越、友谊、尊重)的旗帜之下,心手相连,感受来自世界各地的多元文化,树立服务社会的远大理想,研习健康生活方式,共同促进世界的可持续发展。

南外仙林分校自诞生之日起,就是一所勇于改革、不断创新的学校。除了不断在班改、课改上突破、创新,在素质教育上也是一以贯之,坚持不懈。虽然是外国语学校,但是南外仙林分校高度重视学生的体育锻炼,积极开展"阳光体育"活动。当很多学校为了所谓的"高分",削减甚至取消体育课,南外仙林分校却在中考、高考前也始终坚持一节体育课也不取消,保证学生每周正常的体育锻炼时间。多年来,学生的身体素质一直很好,各项体育赛事和历年中考体育加试均取得了优异的成绩。同时,作为一所外国语学校,在对外交流上也有着独特的优势。

以青奥会为契机,参与青奥、服务青奥、奉献青奥,已经成为南外仙林分校上下的共识和行动:积极普及青奥知识,弘扬奥林匹克精神;"阳光体育"扎实开展,学生体质健康发展;设立与青奥会等世界体育赛事接轨的运动项目;与青奥成员国学校建立友好、可持续的合作交流机制。

2012年12月20日,南京市教育局正式下文确定南外仙林分校为第二批南京市青奥示范学校(现代化示范学校)。通知要求南外仙林分校要充分发挥典型示范引领作用,加强学校品牌建设,进一步提升办学品质,成为推动区域内创建南京市青奥示范学校的排头兵。

1. 外国文化小屋

由南京青奥组委、南京市人民政府共同主办的"激扬的脚步"——第二届南京青年奥林匹克文化节开幕式暨2012南京国际交流日嘉年华活动于2012年9月9日在玄武湖公园拉开帷幕。本次嘉年华活动中,南外仙林分校受南京市教育局委托承办南京的14个友好城市之一——西澳大利亚的首府珀斯市的外国文化小屋布置和宣传工作。同学们澳大利亚情景剧《剪羊毛》的精彩表演获得了观众们热烈的掌声。同学们还通过游戏、互动问答、散发传单、澳洲邮票展等多种途径宣传了澳大利亚珀斯市。这些展示，让广大市民了解到了南京友好城市珀斯市的风土人情和历史文化，加强了两国人民的相互了解和交融。

2012年9月9日参加青年奥林匹克文化节

　　2013年5月11日，第三届南京青年奥林匹克文化节开幕式暨青奥嘉年华活动在南京市科技馆举行。南外仙林分校负责阿曼苏丹国文化小屋。本次宣传阿曼苏丹国文化小屋的主题确定为"点亮神灯、传承文明、飞扬青春、迎接亚青"，期望通过阿曼苏丹国神秘的传统文化、丰富的特产资源、奇异的地理景观的展示，让青少年们快速了解这个"阿拉伯最古老的国度之一"——阿曼，在互动、交流中让青少年对该国的传统文化和现代文明产生浓厚的兴趣，增强对世界文化多样性的理解。南外仙林分校将小屋的背景墙设计成沙漠国家的地理风貌，装点上阿曼这个国家的风土人情的图片。同时，还通过42寸的电子大屏展示阿曼的宣传短片。小屋内入口对面墙上悬挂阿曼国旗，展示活动台则用于展示阿曼的传统和现代工艺制品，并且让参观者进行简单的手工制作。

　　为了充分展示阿曼苏丹国，参与的老师和同学们做了大量的前期准备工作。收集阿曼相关的资料、购买阿曼服饰、订购阿曼工艺品、制作阿曼风情视屏、设计电子赛骆驼软件、购买制作陶艺的拉胚机、寻找阿曼的香料、精选知识问答的题目、精心设置互动活动、进行陶艺制作的培训、积极与阿曼的学校建立联系……参与的师生集思广益、分工合作，将阿曼文化小屋设计得有声有色，充满异域风情。活动当天师生们在烈日下相互配合，为参观者提供了周到细致的讲解和服务，圆满完成了阿曼苏丹国文化小屋宣传工作，出色的工作得到了青奥组委会文教部的赞许。

文化小屋

2. 外语节

"你和我,心连心,同住地球村……"北京奥运的主题曲依然响在耳边,2014年的青奥圣火又在南京点燃。2013年3月22日,南外仙林分校的学生们在第十一届外语节活动中共同感受"地球村"的无限精彩。本次外语节的主题是"分享青春,共筑未来;迎接青奥,拥抱世界"。

南外仙林分校中学部二十余个班级参与了本次活动,每个班级模拟一个国家,通过介绍这个国家的风土人情、历史文化、服饰、美食、著名的旅游景点等来介绍该国。展示的班级还用英语向参观的同学们介绍、推荐"自己"的国家,通过活动营造了一个汇聚多国文化、云集世界精彩的"地球村"。学生们深切地感受到了丰富的异域文化和浓浓的青奥氛围。

3. 志愿者

青奥是运动员的盛会,也是志愿者的盛会!志愿者文化是奥林匹克主义的重要组成部分。奥运志愿者行动具有崇高而普遍的精神价值,志愿服务精神是追求和谐、和爱、高尚、奉献、利他的人类文明境界!南外仙林分校有着良好的志愿服务氛围和完善的志愿服务体系,拥有一支热情、专业的志愿者团队,南外仙林分校志愿者协会通过与南京青年联合会、南京市志愿者协会等团体的密切合作,制作完善的志愿参与计划,全力寻求公众的支持和青少年的参与,激发青少年、家庭乃至全社会对青奥会的热情。

青奥志愿者

此外,学校还参加了青奥倒计时 888 天、种植一片"青奥林"把南京染绿、青奥小记者与老外做手工体验民俗、"名校耀名城·青春靓青奥"创意辩论赛、"迎青奥"优秀绘画作品评选、"童心盼青奥"、"少先队迎青奥"等活动。

通过迎青奥系列活动,南外仙林分校的学生们进一步了解了青奥,激发了热爱祖国的情感,在活动中受到感动、学会感动,并学会用实际行动为青奥会做贡献,增强社会责任感,以极大的热情迎接 2014 年南京青奥会的到来。

大爱无疆　薪火传承——学雷锋活动

当三月的春风又吹绿大江南北,当阳春万物吐露芬芳,我们总会想起一个不朽的名字——雷锋。

也许你曾在书中读过他,他留下的日记,对一滴水的思考,对一颗钉子的感悟,让你心中泛起久久不息的涟漪。

也许你曾从长辈口中听说过他,人们对他的赞美,他勤俭节约的美德,他对知识的执着,他乐于助人的品质,让你激起对人生的思考。

也许你曾在银幕上见过他,不断变幻的光影中,他对信念的坚持,他对生活的热爱,让你收获感动,让你收获成长……

他的生命只有短暂的 22 年,他却给全人类留下了宝贵的精神财富。雷锋,平凡的军人,几代人的共同记忆,他振奋人心的话语,至今还是脍炙人口:"如果你是一滴水,你是否滋润了一寸土地?如果你是一线阳光,你是否照亮了一分黑暗?如果你是一颗粮食,你是否哺育了有用的生命?如果你是一颗最小的螺丝钉,你是否永远坚守在你生活的岗位上?"

今天的青少年，或许难以理解"革命理想高于天"的宏大抱负，但我们不能不敬重"激情燃烧岁月"的真挚追求，雷锋对他人的无私帮助、对自我和集体的责任感，更是新时期的青少年应该学习的。

曾经很长的一段时期，雷锋的名字逐渐被人遗忘，甚至成为"傻子"的代名词，"雷锋叔叔没户口，三月来四月走"。但是当人们在物质世界里，越来越迷惘、越来越困惑……雷锋，这一久违了的形象，又重新被人忆起。

然而，在南外仙林分校，雷锋从来就没有走远。总有这样一种声音，总有这样一群人，他们争做文明儒雅的仙林学子，争做乐于助人、勇于担当的现代人，他们是新时代雷锋精神的传承者和践行者，他们身体力行，持之以恒，他们用实际行动续写着雷锋日记，他们让雷锋精神永驻仙林！

南外仙林分校建校以来，一直把理想教育放在核心位置，注重培养学生树立正确的世界观、人生观、价值观，引导学生锻炼自我，服务社会，培养社会责任感。

以助人为乐、爱国精神、勤俭节约、无私奉献、热爱劳动、干一行爱一行、知恩图报等为内涵的雷锋精神与南外仙林分校的理想教育理念也是一脉同源、相互契合的，因此，雷锋精神这面大旗一直在南外仙林分校的校园上空飘扬。

经过多年的实践，南外仙林分校的学雷锋活动已形成了以下几点特色：

1. 形式多样

每次活动，事前有方案、计划，充分动员，事后有总结。活动形式丰富多彩，班级有主题班会，年级有演讲、辩论，校内有爱心募捐，校外有志愿义工服务……随着时代进步，网络也成了学雷锋的一个重要阵地，校园网"中学教育"中特地开辟了"续写雷锋日记"专栏，一点一滴记录身边学习雷锋的典型事迹，以实实在在的榜样来影响、激励同学们积极投入学雷锋的热潮中去。

2. 学生主导

在南外仙林分校，所有重大活动，都是学生唱主角，学雷锋活动也是这样。学生自己策划活动方案、设计活动计划。校园爱心募捐中，他们手举广告牌大声吆喝；小剧场内，他们用歌声和舞蹈来邀请大家的爱心；地铁车站，他们身披绶带，义务做志愿者，维持秩序，帮助他人；街头，他们手抱募捐箱，积极奔走……

募捐 1

募捐 2

3. 时间性强

因为有着良好的传统,在南外仙林分校,学生们对爱心活动、公益活动很关心,一旦外界有重大事件,他们便会全情投入、积极参与。西藏女孩大色珍重病、汶川地震、舟曲泥石流、雅安地震……哪里有困难的地方,哪里就会有学生们活跃的身影、浓浓的爱心。

4. 参与面广

南外仙林分校的学雷锋活动中,积极的不仅仅是年轻的学生,还有老师、职工,甚至家长,学雷锋的场所并不局限在校园,还有肯德基、敬老院、儿童福利院……甚至国外。南外仙林分校的丁涵格是学校志愿者协会会长,她先后多次到宁燕小学支教,还带领学校志协获得了南京市慈善总会"先进慈善义工团体"的表彰。高中毕业,丁涵格在申请美国大学的同时也打定了主意,要把在南外仙林分校传承下来的志愿服务精神传播到大洋彼岸,"志愿无国界,我很希望在那里也可以用我的真诚和热心帮助需要的人"。

5. 挖掘内涵

很多人狭义地把"雷锋精神"理解为做好事,而南外仙林分校从建校初期,就一直在理想教育领域深入挖掘雷锋精神的内涵,把其解读为:一种艰苦奋斗、积极向上的进取精神;一种具有坚定意志和昂扬斗志的精神;一种忠于人民忠于祖国的精神;一种对人民充满友爱、互相帮助的精神;一种公而忘私、全心全意为人民服务的精神……由于内涵不断丰富,学雷锋的形式也不断在创新,因而,当很多人对雷锋精神越来越冷漠的同时,南外仙林分校的学生却始终保持着高昂的热情。

6. 生生不息

任何一项活动时间长了,参与者不免会有懈怠,但是在南外仙林分校,学习雷锋的热情却始终未减。每年金秋时节,南外仙林便开始了爱心活动。初中学生远赴安徽进行爱心援助,高中学生到民工子弟学校给外来务工人员子弟带去生动有趣的外语教学和丰富多彩的书籍、文具,突发灾难时,全校师生纷纷伸出援手……一次又一次,南外仙林人用他们的爱心告诉世人:大爱无疆,爱的火炬生生不息!

我的校服我做主——校服改革

在人类文明史上,服装文化经历了一个漫长的过程,其由单一的保暖功能逐步发展,具备了遮羞、审美、标志身份乃至体现个性等诸多功能,而校服作为服装文化的承载体,体现着一个学校的形象和精神面貌,反映出一个学校所独具的风格特色。校服的合适与否,美观与否,在学校文化中占有至关重要的地位。校服也是一个学生身份的象征,统一的校服有利于增加学校的凝聚力,增强学生的集体荣誉感,可以培养学生的团队意识,强化学生的整体形象。校服是学校文化的重要标志之一,穿校服,是对学校的认同、热爱、拥护。穿上一身自己所喜欢的校服,不仅能使学生精神焕发,而且对他们的学习热情的提高也大有帮助。对于生活在新时代的学生来说,拥有美观、大方的校服,才会自觉、主动地喜爱校服,从而自愿穿着校服。

1. 历史沿革

校服最早出现在日本,当时,战争导致部分家庭生活艰难,学校为了避免这种家庭的学生因为自己家庭困难而产生自卑感,同时也防止那些家里生活条件好的学生在学校炫耀,于是规定每个学生上学的时候必须穿着相同的衣服。而且日本人在潜意识里非常注重统一制服所带来的社会认同感,学生校服已经成为其国民文化中不可替代的部分。

中国的校服历史从辛亥革命开始。辛亥革命虽然没能把中国从半殖民地半封建社会成功解放出来,却打破了几千年来"人分五等,衣分五色"的旧时代衣着制约,新文化运动的春潮更是唤醒了人们对美的渴望,年轻一代显示出空前的天真和轻松。20世纪三四十年代，满汉服装风格相融的新式旗袍在校园大行其道。到50年代，祖国大陆人民自动穿起蓝色、灰色的干部服、列宁装、棉大衣。长衫马褂至此基本退出历史舞台。到六七十年代，旧军装一统天下，这一时期，"校服"这个词语在我国大陆地区消失。80年代起，"校服"这个字眼逐渐重回我们的视线，这一时期的校服一开始比较散乱，而到了上世纪90年代、20世纪初，校服普遍以运动服为主，颜色主要有蓝、红、绿、白等，面料以涤盖棉、金光绒等为主。这在培养学生的团队精神，强化学校的整体形象，增强集体荣誉感上起到了重要作用。

2. 改革背景

目前我国大多数校服还游走于运动服和便服之间，千篇一律的口袋式、袍子式校服，不仅款式陈旧，年龄、性别不分，而且不能体现出孩童和少年们青春、活泼、积极向上的特点，面辅料质量也存在不少问题，销售方式也不够透明，长期以来，学生和家长对校服颇多微词。

随着生活水平的提升，越来越多的学生和家长开始意识到校服不仅是一种着装方式，更是一种精神气质。这是个性的时代，学生是有理由来展现自己的。学生装应该符合学生朝气蓬勃、积极向上的特点，在设计和用料上应视年龄段不同而有所不同。

在此背景之下，社会上要求改革校服的呼声日益高涨。

3. 我的校服我做主

"自觉・自主・自信"是南外仙林分校的校风。尊重学生，以学生为主，是南外仙林分校的理念，学校重大活动中学生都会参与担当重要角色，在许多备受学生、家长关心，涉及他们利益的重大决策上，南外仙林分校一直秉承尊重原则，充分彰显学生的主体地位。

2008年，南外仙林分校顺应民意，率先进行了一场全面而广泛的"校服改革"。这次改革参与面广、历时长，从改革前的调查了解到最终定稿，共用时两年多，从小学到中学，上千名学生和他们的家长积极参与其中，充分展现他们的话语权和选择权，可以说，这次校服改革，真正体现了学生当家做主。

2008年，南外仙林分校就校服问题，广泛征求并听取了学生和家长的建议和要求，进行充分调研，多次评估。2009年下半年，学校公布了校服招标的消息后有7个厂家前来参与竞标。学校委托厂家设计出四季的校服套系，2010年上半年，南外仙林分校举办了以"我的校服我做主"为主题的校服展示活动,由挑选出来的学生模特穿上最新设计的校服进行表演,活动在校园里引起了轰动,600多名学生代表观看了演出,300多名学生和家长代表现场给所有厂家设计的校服打分,并提出改进意见,最终,学校在充分尊重学生和家长的意见后,确定了英伦风格的款式。这一款式板型笔挺、端庄典雅,极有校园气息和文化品位,深受学生和家长欢迎,在南京市一经亮相,便获得一片喝彩。

同时,在校服质量和价格上南外仙林分校也充分尊重学生和家长的意见。学校请服装行业的家长对校服质量严格把关,多次组织家长代表深入工厂,实地考察厂家是否具备校服生产的实力水平、资质条件。校服价格公开透明。最近几年,随着成本及人工费用的上涨,厂家提出校服涨价的要求,学校及时征求家长委员会的意见,家长们也很理解厂家,提出在保证校服质量的前提下,可以适当上浮价格。本来是矛盾的双方,但在南外仙林分校充分民主的协调下,学生家长和校服厂家实现了互利双赢。

我型我秀

我的校服我做主

新校服改革以来,截止到目前,学生和家长普遍反映比过去的校服好,舒适安全、美观大方。

为了把校服穿得得体、穿得优雅,南外仙林分校精心设计并给每位学生发放《校服礼仪手册》(简称《手册》)。《手册》里面展示了从小学、中学到国际高中各个年龄和学段的各种校服。校服主要包括正式场合着装和日常着装两部分,正式场合着装分为春秋季着装、夏季着装和冬季着装三个系列,日常着装分制服系列和运动装系列,基本能够满足不同学生在一年四季不同场合的需要。在《手册》中,各种服装呈现出不同搭配方式,以展示不同场合的穿着要求。比如在升旗仪式或文艺演出等重大集会活动场合,男生必须穿着西装、西裤、皮鞋,并佩戴领带。女生必须穿着西装、短裙或西裤、皮鞋,并佩戴领花。同时,对穿着的细节也有要求,扣子如何扣、领带如何系、鞋子如何穿等等都有指导细则。

南外仙林分校校服改革的整个过程民主、自主,充分发挥了学生和家长的主体作用。学生既选择了自己心仪的校服,更在改革过程充分发挥了主观能动性,参与改革、规划改革,享受改革的喜悦与成果,真正受到了一场潜移默化的民主教育!

新校服彰显着南外仙林分校特有的精神面貌和办学品位,在美丽的校园里,校服成了流动的形象文化。身着自己评选出来的校服,成为学生们每天喜悦的一部分,让学生们真切地感受到民主、平等和以学生为主体的校风。简洁凝练、经典大方的服饰文化勉励仙林学子追求言行举止的端庄优雅,更激发他们的团队精神和集体荣誉感,这份深深的文化积淀与身份荣耀涵泳着、成就着每一位南外仙林分校的学子。

会说话的墙——壁画墙

在南外仙林分校这一片红砖白墙间,在中学部连接教学楼和食堂的走廊上,有一道亮丽的风景线,它每年换一套新装,展示着它美妙的身姿,每当老师和同学走过这里,这面墙都似乎在无声地诉说着什么。它更似一面镜子,折射出仙林学子的成长。

当你静静地站在它面前,你似乎能看到科技之光在这里闪耀;感受到文明礼仪之风从这里吹驻;听到同学们庆祝祖国60华诞的欢呼声。家乡的秦淮河在这里静静地流淌,梅花在枝头吐露着芳香;北京奥运会的福娃在这里奔跑;七彩的仙林之梦在这里绽放……同学们用自己手中的画笔,尽情地描绘着他们眼中的祖国、家乡、仙林、未来……

壁画,墙壁上的艺术,是人们直接画在墙面上的画。作为建筑物的附属部分,它的装饰和美化功能使它成为环境艺术的一个重要方面。从2007年开始,南外仙林分校的学子们每年都在这面墙上展示自己的绘画才艺,至今年已经是第九届了。9年来,中学部教导处和美术组齐心协力,每年都认真斟酌选题,从国家大事、体育盛事到同学们身边的文明行为,都是壁画的主题,通过一系列的活动组织,逐步使长廊壁画展成为中学部一项特色美术活动,也使壁画墙成为南外仙林分校理想教育的又一个基地。

1. 闪光创意,展现学生绘画特长

第一届壁画其实是学校第四届科技节的一个子活动——"科学幻想画"创作,当时很多同学画了不错的作品。正好中学部有这样一个长廊,空荡荡的,毫无美感,而有些同学又喜欢在墙壁上乱涂乱画,于是老师们想到把这些奇思妙想的科幻画搬到墙上或许是个不错的主意,便开始了一系列动作:从集体起草壁画展方案,到给各班班长及宣传委员开会,到组织创作、辅导,到一起去画格子分班级板块,到最后完成刊头,美术组全体老师都付出了自己的许多心血,结果,大家都被这五彩的墙壁震撼了,而这块原本光秃秃没有美感的长廊变成了校园里最美的画布,展示着同学们闪光的创意和

学生们正倾情创作壁画

天马行空的想象力,壁画创作活动也就这样一年一年地延续了下来。每年到了画壁画的季节,班级里的小画家们都跃跃欲试,在初选阶段纷纷拿出自己的看家本领,画出精美的色彩小稿,甚至有的班级因为想画的人太多而交了三至四幅作品。有一年因为参与同学太多,学校还开辟了小农场墙壁供同学们展示绘画技巧。上墙绘制期间,同学们更是牺牲自己的午休时间和课外活动时间,在规定时间内完成作品。通过壁画展示,这些有着绘画天分的孩子有了施展自己才华的舞台,画好的壁画会在这面墙上留一年的时间,同学们每天去食堂的路上都能欣赏,这甚至比艺术节的画展更吸引同学们的眼球,也给这些小画家的中学生活增添了一丝骄傲和自豪。

2. 精心选题,突显理想教育实质

每一年9月份一开学教导处就和美术组商量当年的壁画主题:2008年北京奥运会,2009年祖国60华诞,2010年文明礼仪伴我行,2011年描绘美好南京,2012年十年校庆,2013年我与青奥共成长,2014年文明之花处处开。这些选题大到国家、奥运,小到学校、学生身边生活,都真实地反映了祖国日新月异的变化,反映了学校点点滴滴的进步,使学生感受到祖国强大,

家乡美好,仙林温暖,理想也由此从这里起航。同学们自己收集资料画小稿,去设计,去创意,去感受,在巨大的墙壁上亲手描绘祖国60年来翻天覆地的变化,展示家乡多姿多彩的美景,展示奥运健儿矫健的身姿,展示同学们在校园中的文明行为,展示十年来同学们与仙林共同成长的点点滴滴……对祖国、对家乡、对学校的感情在这时候比任何电视上看的、书上写的、老师教的、别人说的都来得更加自然、更加真实。

每届壁画都有鲜明的主题

3. 认真组织,加强班级凝聚力

壁画创作,从尺寸上来说,画横幅的班级有1.6米×1.2米,画竖幅的班级有1.2米×0.8米,同学们高度不够,需要使用桌椅才能完成整个壁画;收集要使用的材料、造型创作等也都不是一个或两三个同学单独所能完成的任务。因此,在策划壁画展方案时学校明确要求必须以班级为单位。班级教育小组成员作为总负责人,协助班级成立创作小组,宣传委员任组长,全面负责。班长任副组长,负责组织协调。壁画主创3人,辅创2人,负责桌凳6人,环境保洁2人。通过全班同学集体参与壁画创作活动,同学们学会了团结协作,学会了尊重和体谅他人,学会了文明礼仪,学会了不乱涂乱画,学会了规范个人文明行为。班级凝聚力也得到了加强。

今年是壁画展的第九个年头,虽然前面辉煌的画卷已经被抹去,可是那些耀眼的色彩,炙热的情感,同学们在墙壁前热火朝天绘制的场面以及他们的盈盈笑脸和美好的情谊将永远留存在每个南外仙林人的心里。这面墙已经是南外仙林人心中的一个信念,它是一面会说话的墙,永远鼓励支撑着南外仙林人前行。今后南外仙林人还会继续用手中的画笔,让这块美好的画布永远闪耀下去!

爱心牵手

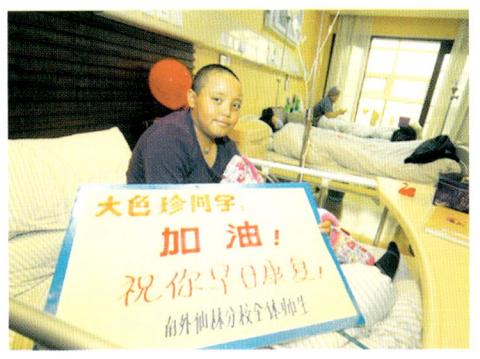
为藏族女孩大色珍加油

为藏族女孩大色珍募捐

参加市慈善活动

市慈善活动上捐赠

爱心活动1

爱心牵手

爱心活动2

报纸义卖

美国交流生(左1)为老人梳头

爱心义卖

接受南京市慈善总会表彰

第三章　爱心牵手

　　爱是人类的永恒话题,也是人类最基本的情感。世界因为有爱才变得美丽。陶行知先生曾说:"爱是一种伟大的力量,没有爱就没有教育。"爱的教育是儿童教育的基本原则和方法。苏联教育家苏霍姆林斯基曾说过:"如果善良的情感没有在童年形成,那么无论什么时候你也培养不出这种感情来。"现在的中学生,多是独生子女,加强学生的思想道德教育,可以培养孩子们的爱心,让他们学会在爱的氛围中成长,在潜移默化中形成健康向上的人格,树立从我做起、奉献社会的良好意识,增强社会责任感和自豪感,让每个孩子都能在爱的怀抱中快乐成长,既有接受爱的能力,同时更有爱别人的能力。

　　南外仙林分校每年都要通过各种渠道、采取各种方法、寻找各种途径开展"爱的教育"活动。多年来学校已经形成了一套成熟的主题明确、形式多样、脉络分明、融入生活的"爱的教育"系列化活动,培养同学们大爱的胸怀,让他们懂得感恩。

● 爱撒雪域　情满高原——援助藏族女孩

　　2011年11月18日下午2点15分,南外仙林分校师生代表来到江苏省人民医院8号楼6楼血液科,将全校师生共同筹集的162 442.5元善款送到大色珍父亲的手里。当王海韵主任亲自将善款递到老人家手里时,老人家难掩心中的激动,眼泛泪光。

　　13岁的大色珍来自西藏拉萨市墨竹工卡县,父母都是农民,全家每年只靠几千元的微薄收入勉强度日。2010年,上六年级的大色珍被查出患有急性非淋巴白血病,病情十分危急,而治疗费更是高达数十万元。这使本就不富裕的家庭更是雪上加霜。懂事的大色珍明白自己的病情后,变得不爱说话。变卖了家里所有值钱的东西后,父母带着女儿去了当地一个著名的景点太阳岛旅游,他们问孩子:"色珍,这是你一直想来的地方,开心吗?"大色珍却伤心地说:"我知道我要死了,你们带我来,就是让我有生之年能看上一眼是不是?"父母无言以对,只能默默流泪。

当大色珍和父母感到绝望的时候,希望降临了。大色珍所在的西藏墨竹工卡县是南京的对口援助县。2011年10月初,在工作接触中,南京团市委、市青联偶然得知她的病情,决定要帮助这个小姑娘。于是,两地政府安排她到南京治疗。在南京治疗期间,大色珍病情已经有少许好转。"她很懂事、坚强,很配合医生治疗。"一名护士告诉记者。墨竹工卡县团委德吉卓玛也告诉记者,大色珍来到南京治疗以后信心很足,生病以后就没有笑过的她终于露出了笑容。

凑巧的是,墨竹工卡县的顿珠旺杰、江白、普布次仁、加央群培和次旦扎西5位藏族教师在南外仙林分校交流学习,他们把这一消息告诉了学校领导。学校对此事高度重视,觉得应该帮帮这个孩子。各学部通过召开全校集体晨会、组织学生观看视频、开展主题班队会等方式让全校师生了解了这一消息,并号召大家伸出援助之手,同学们也自发行动了起来。

"得知了大色珍生病的消息后,我们十分同情她,同时也为她的坚强而感动。班上的同学都抢着捐钱,有的同学捐了好几次款呢!"六年级的杨依琳同学向记者描述了同学们捐款时的情景。

高二的学生代表陆天博则描述了另一番场景:"我们利用周末的时间通过卖报筹款,有的同学走上街头开展募捐活动,我们还举办了社团巡演等一系列的爱心活动。"谈到捐款中的感人画面的时候,陆同学变得很激动:"当我们进行第二次捐款时,很多同学甚至拿出了自己的生活费,这些钱虽然很少,但正是这些小细节才让人觉得感动。"

很快,大家的爱心汇集到一起,共计162 442.5元,考虑到色珍看病急需用钱,学校委派师生代表,在五位藏族老师的陪同下,及时把钱送到大色珍父母手中,同学们还亲自制作了爱心卡片交到大色珍手中,希望能够通过精神上的鼓励带给她力量,帮助她渡过难关,于是出现了文章开头的一幕。

对西部地区的帮助还体现在对五位藏族老师无微不至的关心上。学校考虑到地区的差异、生活习惯的不同,对五位藏族老师给予了很多的关心,还给每一位藏族老师安排一名有责任心、能力强的老师作为指导老师。五位藏族老师听了大量的课,并积极与老师交流研讨,他们还对南外仙林分校的班级管理体制改革产生了浓厚的兴趣。学校还安排专门的部门、人员对五位老师就提出的相关内容进行交流与培训,有力地帮助他们更新教育理念,提升教育教学素养。

学校还组织五位进修的藏族教师参观行知小学,拜访了著名乡村教育家杨瑞清校长;拜访了全国知名的班华教授,就藏区中小学德育的范围与重点、藏区的人文教育如何体现等问题进行了请教,得到班教授深入浅出的讲解。12月份,经过三个多月的学习交流,五位藏族老师离开了南外仙林分校,回到了家乡,把学到的知识和经验更好地服务于藏区的孩子。小学部还开展了"为藏区孩子捐书"的活动,共捐书2 000多本,并妥善地把这些书寄到相关学校,把南京人民的爱带给藏区的孩子们,进一步加深汉藏人民之间的感情。

王海韵主任把捐款送交大色珍父母手中

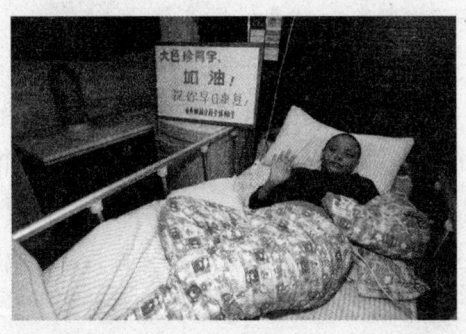

为大色珍加油

为大色珍捐款

我们是一家人——汶川援建校园

2008年5月12日14时28分04秒,四川汶川、北川,7.8级强震猝然袭来,大地颤抖,山河移位,满目疮痍,生离死别……这是新中国成立以来破坏性最强、波及范围最广的一次地震。震害遍布四川省内20个市州139个县(市、区),导致6.8万余人遇难,数百万家庭失去世代生活的家园,同时造成了重大财产损失。

面对这突如其来的自然灾害,英勇的中国人民没有被吓倒,紧张有序地投入到抗震救灾工作中来。"一方有难,八方支援!"全国各地人民也纷纷伸出援助之手,捐钱捐物,出人出力出设备,帮助四川人民渡过眼前的困难。南外仙林分校也在第一时间号召全体师生献出自己的爱心,召开全校大会做动员。

许多班级召开了主题班会:"我们同行""我们在一起""地震无情人有情""让我们伸出爱心之手吧""心系地震灾区"……在家长的支持下,孩子们也行动起来了。他们有的捧来了储蓄罐,有的带来了自己舍不得用的零花钱、压岁钱、奖学金,有的同学在捐款的同时还附有慰问信、自制的祝福卡;双休日中有的同学参加志愿者行动到社区散发赈灾传单,有的同学自发组织义卖活动,将义卖款交给红十字会。有位骨折在家休养的同学打电话给老师,再三请求爱心行动一定不要忘了他。参加南京广电集团赈灾义演的几十名同学还纷纷在现场捐了款。仅小学部就为灾区人民捐赠了约

249 600元人民币!

为汶川捐款义演 1

为汶川捐款义演 2

5月22日,学校委派彭媚带领师生代表参加了由南京市慈善总会、南京新闻台联合主办的"情系灾区、重建校园"烛光捐献晚会,学校师生登台义演,向市慈善总会捐款50万元。在接受记者现场采访时,彭媚告诉记者说:"我们最大的心愿是为灾区重建校园和灾后援建做贡献。"钱铁锋校长一再强调:"为灾区孩子建学校是一件好事,是一件善事,我们希望专款专用,真正落实到位。"

南外仙林分校师生的行动感动了市广电集团新闻台的记者们,他们积极帮助牵线搭桥,很快为南外仙林分校与绵竹市南轩小学牵手一事进行了联系,并在南京新闻频道与绵竹人民广播电台空中对话,相关准备活动相继开展。

2009年4月7日,南外仙林分校的代表参加了南京市"爱心之旅"考察团赴绵竹考察，带去了同学们给南轩小伙伴的手拉手信，送去了第一批义卖来的书籍和文具，见证了南轩小学建设施工，并举行了南外仙林分校与南轩小学缔结对口支教友好交流协议签约仪式。协议书从外语教学指导、学生手拉手、两校管理交流等三个方面对援助南轩小学具体方式做了详细阐述。至此，南外仙林分校与绵竹南轩小学正式建立起友好援助关系。

从南轩小学重建至今，学校已先后委派三位英语骨干教师赴南轩小学援教。三位老师肩负着光荣的使命与责任，积极努力传播南外特色的英语教学模式，将学校"结构、情境、交际"的英语教学模式和"高密度、大容量、快节奏"的英语课堂教学与南轩小学乃至绵竹地区的学校共同分享。援教老师除了听课、评课、上示范课、组织英语教学周活动等正常的英语教研活动外，还在全市上公开课、做专题讲座等。他们抓课堂教学质量，开展英语活动，营造英语氛围，还设计出了一套完整的英语课堂教学指导模式，他们的"公开课＋讲座"教研方式深受南轩小学老师和绵竹市老师们的欢迎。在他们的帮助和影响下，南轩小学的英语老师快速成长，屡获佳绩。

在南轩期间，老师们还经常通过即席发言、家长会发言、与领导交谈、接受媒体采访等机会，宣传南外仙林分校的英语教学模式，让南外仙林分校特色的英语教学模式在绵竹广泛传扬，他们的援教工作受到当地政府和领导的赞扬。

建立友好援建关系后，两校间的互访学习也正常开展。2009年11月17日至22日，南轩小学张祥云校长一行三人来南外仙林分校访问。见面会上，学校领导接受了南轩小学的感恩赠匾。张祥云校长还为南外仙林分校师生作了精彩生动的生命教育报告。访问期间，张校长一行深入课堂听课，与钱铁锋校长等校领导进行了学校教育教学管理交流，还拜访了南京新闻台、南京市慈善总会、南京团市委，11月19日，南京新闻台特邀张祥云、彭媚走进直播室进行现场专题采访。

钱铁锋校长和程彩玲、张蕾芬副校长于2010年3月19日赴南轩小学进行回访。钱校长对南轩小学创建外语特色给予肯定，还向南轩小学捐款，用于购买英语教学音响设备。回访期间，钱校长应绵竹市教育局邀请，为绵竹市校长培训班作了题为"学校管理及文化建设"的讲座，长达两小时的报告,受到与会者一致好评,引起强烈共鸣。尤其是南外仙林分校的班改实践,引起了绵竹市教育局周局长的极大兴趣,他说要借南外仙林分校与南轩小学"手拉手"的春风,深入学习借鉴南外仙林分校班改的成功经验,并向绵竹市推广。

南外仙林分校师生的爱心行动与学校一贯开展的生命教育、爱心教育和关注弱势群体的教育是分不开的。援教重外语特色,援助重爱心教育。特色鲜明的南外仙林分校援助南轩小学的工作还在继续着。

南轩小学的感谢信

我劳动，我奉献，我快乐——"校园爱心月"

"跳楼价！跳楼价！""快来买啊，快来买，新鲜出炉啊！""走过路过，千万别错过！""掌柜们"摩拳擦掌，抢占着最有吸引力的摊位。书籍、文具、音乐专辑、装饰品……甚至还有同学们自制的玩具、衣服、三明治和咖啡。真是应有尽有。这可不是某个市场，这是南外仙林分校中学部音乐台的义卖现场。

1. "爱心月"主题明确

每一年的"爱心月"活动学校都要确立一个主题。2004年的主题是"把爱传出去"；2005年的主题是"让爱延伸"；2006年的主题是"唱给秋天的歌——校园爱心大接力"；2007年的主题是"书香圆梦，春暖行动"；2008年的主题是"我和你，手牵手，共成长"；2009年的主题是"温暖的传递"；2010年的主题是"撑起爱的天空"；2011年的主题是"大爱无疆　真情无界"；2012年的主题是"爱心点亮希望"；2013年的主题是"传播爱的声音，托起明天的太阳"；2014年的主题是"传递爱的温暖　共筑爱的桥梁"。每年的主题均凸显了活动的侧重点。

2. "爱心月"形式多样

形式多样的活动才能激发出同学们参与活动的热情，为此学校创设了丰富多彩的爱心活动形式，主要有主题班会、少先队会、专栏宣传、视频展示、影视教育、人物访谈、爱心晨会、爱心义卖、爱心捐款、爱心义演、爱心义教、爱心牵手、爱心实践，等等。一系列的爱心活动激发学生的积极性，让学生通过亲身参与活动，体悟艰辛过程，培养同学们大爱的胸怀，让他们懂得感恩自己的父母、感恩自己的老师、感恩母校、感恩生活。每年的"爱心月"活动都分为五个板块：

（1）校外实践。

11月初，初中各班以少先中队为单位，高中以团支部为单位，利用周末休息日，走向社会，参与服务，通过劳动，募集爱心款。他们有的在社区进行爱心义卖，有的在新街口等商业区卖水果、报纸等。这样的实践既让学生了解了社会，锻炼了能力，又让他们奉献了爱心。

(2) 爱心义卖。

11月下旬,学校会组织校园爱心大卖场。以班级为单位,各班按照指定摊位参与活动,各年级同学在学生会成员与志愿者的引领下秩序井然地进入指定场地。整个活动,义卖现场异常火爆。同学们纷纷举着精心准备的海报,在自己的摊位上摆放着琳琅满目的商品,有精心挑选的小礼物,有自己珍藏的心爱文具,更有手工制作的爱心寿司。卖东西的同学使出浑身解数推销着自己的商品,有的举着喇叭宣传,有的热情地介绍,俨然一副小商人模样。购买的同学则秩序井然,满心欢喜,细心挑选着自己喜爱的物品,献出自己的爱心。

爱心义卖1

爱心义卖2

爱心义卖3

（3）爱心义演。

爱心义演

赈灾义演

"爱心月"里，学校里还有一场重头戏，便是学生的爱心义演。每到爱心月，团委便会组织学生会和学生社团开展爱心义演活动，街舞社、心理研习社、文学社、器乐社、书画社等学生社团纷纷登台展示,从组织策划到节目编排,从会场布置到售票义演再到会场服务,全由学生自主安排。学校搭建平台,充分锻炼学生的能力,而学生也为自己可以通过才艺为他人奉献爱心而备感骄傲和自豪。

(4) 爱心牵手。

带着筹集到的爱心基金,这几年学校不断把爱的触角延伸,安徽的全椒、镇江的大岗、南京的溧水……每年11月的最后一个双休日,初一、初二的学生代表就会乘车前往牵手学校,给他们送去助学金,与贫困孩子进行手牵手活动。爱心活动是双赢的,每次去的学生代表,回来后都觉得深受触动,那些简陋的教室,贫困孩子那种坚强的意志,无一不让我们的学生开始了对自身的反思。他们将自己的所见、所闻、所感,通过班会课与全班同学交流,让所有同学都接受了一次心灵的洗礼。在11月爱心活动结束后,各班都会与牵手学生进行定期的书信沟通,真正地让爱心之花常开心田。

(5) 爱心支教。

"爱心月"里,除了对贫困学生的捐款助学外,每年高中团员代表都会去南京的民工子弟小学,为那里的孩子送去物质帮助,带去精神食粮。学生利用所学的外语知识,给民工子弟小学的学生上半天别开生面的英语课。每次支教前,学生都会认真备课,他们会先去小学部听课,了解所授学生的心理特点和接受能力,然后查阅各种资料,撰写教案,并请英语老师修改,做好各种预案。他们还会自发地准备小礼物。支教归来,学生如是说:"当我们面对孩子们天真的笑脸,面对他们收获知识的快乐,其实受教育的也是我们自己。支教对于我们也是一次心灵的净化,是自我价值的实现。"

爱心支教1

爱心支教 2

爱心支教 3

3. "爱的教育"融入生活

爱是行动的指南针,学校对学生的"爱的教育",指向的是每一个学生,是可以让学生触摸得到的具体行动,是可以让孩子心领神会得到的感情。学校提倡学生从身边的小事做起,关爱他人,懂得感恩自己的父母、感恩自己的老师、感恩母校、感恩生活。例如,学校开展的"寻找身边的感动人物"活动,鼓励学生从同学、老师、父母、长辈身上发现爱,学会发现爱,懂得爱,珍惜爱。学校还组织各班开展主题为"感恩父母"的主题班会,为父母洗洗脚、为爷爷奶奶捶捶背,等等,让亲人之间的爱切切实实地转化为子女内心的期望,让孩子心怀感恩。

4. "爱的教育"硕果累累

"爱心月"的系列活动让学生学习、成长,不仅锻炼了能力,更感受到了

"予人玫瑰,手留余香"的快乐。通过活动,学生们的责任感增强了,在帮助他人和奉献社会的实践活动中不断提升自己的思想道德境界,感悟人生的价值和生命的意义。在献出爱心的同时,学生也收获了很多对人生的思考:献爱心不是施舍,而是一种温暖的传递,因为我们同样享受了别人的爱。我们把温暖送给需要关怀的人,得到了心灵上的满足与快乐;别人接受我们的爱心,回赠的是不屈不挠的精神和生命燃烧的温度,只要大家一起努力,就一定能撑起爱的天空。

附:第七次爱心助学活动方案

一、活动目的

1. 引导学生关爱他人,关爱弱势群体,培养"扶危济困,乐善好施"的良好品质。
2. 与理想教育相结合,引导学生锻炼自我,服务社会,培养社会责任感。

二、活动主题

播撒爱的种子　撑起爱的天空

三、活动时间

2010年11月18日至11月27日

四、活动内容

内容	时间	地点	负责人
1. 晨会——活动宣传	11月22日	操场	团委
2. 爱心大卖场——义买义卖活动	11月22日 (12:50—13:30)	音乐台	教导处 团委
3. 爱心义演——高中社团汇报	11月24日 (16:30—18:00)	小剧场	团委 学生会
4. 爱心支教——高中团支部实践活动	11月24日		教导处 团委
5. 爱心实践——少先中队、团支部校外爱心活动	11月20日 11月21日		团委 少先大队
6. 爱心牵手——初中校外爱心牵手活动	11月27日		教导处 少先大队

五、活动说明

1. 此次爱心活动与理想教育实践系列相结合,爱心款的募集分为校内和校外两部分。

2. 22日的义买义卖活动,以班级为单位,各班按照指定摊位参与活动,年级组要做好发动和组织工作。

3. 高中各团支部各选3名团员代表(团支书带队)参加24日爱心支教活动,15日前将各支部上课教案以书面形式上交团委备案。

4. 初中各班以少先中队为单位,高中以团支部为单位,利用20日和21日休息日,走向社会,参与服务,通过劳动,募集爱心款。

5. 爱心牵手对象:

初一年级牵手对象　　安徽习冯小学

初二年级牵手对象　　安徽全椒黄栗树中学

高一年级牵手对象　　尧化门流动人口子弟学校

高二年级牵手对象　　南京燕子矶化二小学

中学部教导处、校团委

2010年11月9日

六、学生活动感悟

这次支教之行,犹如冬日里的一缕阳光,直射我们的心扉。养尊处优的安逸环境已经极大程度地消磨了我们的意志。看到那些孩子们的眼神,心里隐隐地有种内疚感。这些孩子用刚毅顽强的性格和坚定的信念挑战命运的不公,挑战人生路上的难关,对知识的渴求是他们源源不断的精神动力!如果说我们给他们带去了欢乐、教给了他们知识、捐赠给他们书,那么他们则用自己的一言一行反授了我们一节意义深远的课。这不是用纸笔、用相机能记录的,而是要用心领会、感悟。

——高二(2)班　张思戎

◉ 播种爱的种子——关注身边你我他

除了每年11月的"爱心月",老师们还特别留心身边的人和事,引导学生从点滴小事做起,关心他人,不断向善、向美,为他们种下一颗爱的种子,让爱之树在青春的生命里枝繁叶茂,是南外仙林分校不变的追求。

1. 你是我的朋友——为金陵中学高三学子庄培尧捐款

十八岁——一个被称为花季雨季的年龄,高三——人生的第一个岔路口,每一个高中生倾力奋斗的学习阶段,实现人生梦想搏击命运枷锁的最好时机。而正是在这样一个极为重要的时期,他——庄培尧——金陵中学高三学子,却被上帝开了一个玩笑。他被查出患上了病毒性脑炎。

当南外仙林分校的同学们从报纸得知这一消息时都被震撼了,信息在校园里迅速传开了。同学们都急切地向学生会询问捐款方式,因为大家都知道,除了虔诚地祈祷和默默地祝福以外,所能做的,只能是再捐献出自己的零花钱,用爱心捐款给庄培尧带去精神支柱和物质支柱。他们都为这个身患重症的优秀少年感到惋惜,并立刻感受到肩上的重担——要为庄培尧同学出一份力,献上一份爱心,用爱的暖流延续这个不幸男孩的生命,在他的心里点燃一盏长明灯,为被病痛折磨得奄奄一息的他,带去一点抚慰,帮他树立起对生命的信心与永不放弃、战胜病魔的信念!

南外仙林分校校团委及学生会召开紧急会议,商量帮助庄培尧同学的具体捐款方案。学生会主席从学校借来了专用募捐箱,心育部长也自制了临时募捐箱,晚自习前学生会主席进行校园广播,把庄培尧的病情及具体的捐款地点、时间和方式向同学通告。第二天,学生会主席、体育部长、外联部长、纪检部长及部分校志愿者在食堂门口按预定计划进行爱心募集活动。大家分为两组,分别在食堂的一楼、二楼的门口宣传,并用立地募捐箱和流动募捐箱收集捐款。同时,同学们还用记事本写下对庄培尧同学的祝福和鼓励,大家想让庄培尧知道,他不是一个人在战斗,同学们都会默默地关心他,为他祝福,期待他康复出院,和同学们一样在校园中读书、写字,享受那本来就属于他的灿烂年华。整个中午,许多同学都在捐款箱前驻足,有的同学献上早已准备好的"一片爱心",有的同学也代表班级传递来整个班级的帮助,还有的同学拉来自己的父母,带来家庭的支持……

活动持续了一整天,校学生会共收集到来自全校师生的捐款一万五千余元。学生会于当晚立即清数款项,体育部长、学习部长等人利用一个多小时的时间反复清点数额,所有的款项按面值分类,分面额包装好,写明数额,所有的硬币也装进信封写清数额,最后全部放进信封袋封口。这样认真地清点包装,并不是仅仅因为谨慎细心,而更多的,是因为大家知道,这一元一角,是每一位同学的一片爱心,是南外仙林分校每一位同学对庄培尧同学的祝福和祈祷。

为庄培尧同学捐款 1

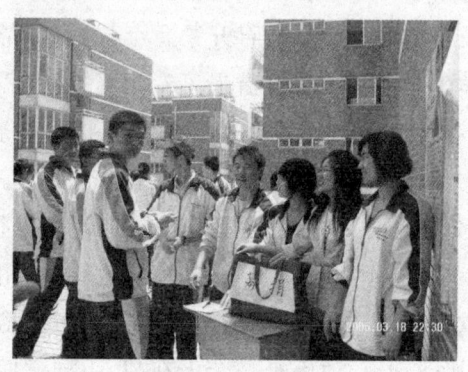

为庄培尧同学捐款 2

　　这次捐款活动为同学们带来的不仅仅是感动，更是对生命的敬畏。作为中学生，他们意识到青春的短暂，时间的珍贵；作为同龄人，他们为庄培尧的勇气所折服，更为他面对死神的无畏乐观所震撼；作为同学，我们深深地感受到了友谊的无价；作为子女，他们感受到了父母对子女深切的关心和默默的无私奉献；作为生命个体，他们感受到在自然和宇宙面前生命的脆弱。但与此同时，更令他们感动的却是在人生灾难面前，大家无私的奉献，真挚的关爱和对生命永远的尊重与崇敬。

　　2. 他在我身边——为仙林外校周梓怡同学爱心大接力

　　六(8)班的周梓怡同学，年仅 12 岁的他本应是一名无忧无虑、天真可爱的花季少年,本该和同学们一起在窗明几净的教室里朗朗读书,在操场上与同学们嬉戏玩耍,然而无情的病魔使他过早地失去了童真,经受了人生的磨难——2012年4月底,他被确诊为脑部胶质瘤。这突如其来的变故,不仅使梓怡一家人精神上遭受了巨大的打击,更让这个原本就不富裕的家庭因为昂贵的医药费而举步维艰。

周梓怡的一家虽清贫但很幸福。梓怡的父母10年前背井离乡从安徽来到南京打工,因为没有一技之长所以一直在东郊的菜场以卖菜为生。俗话说,穷人的孩子早当家,梓怡从小就乖巧懂事,每天放学便在他父母的摊位旁边读书学习,从不让大人操心。有时候父母回家很晚,他会饿着肚子写作业,从没有埋怨过。梓怡的父母非常重视培养孩子,懂事的梓怡也很争气,2010年7月以优异的成绩被南外仙林分校四升五插班招生录取。尽管家庭收入微薄,父母还是竭尽所能供他上学读书,他同样以优异的成绩回报着父母。

天有不测风云,人有旦夕祸福。当周梓怡的病情最终得到确诊后,这个原本幸福的家庭被推向了深渊,眼看着孩子遭受病魔的蹂躏,父母心如刀绞。仅前期的分流手术就已经花光了家里所有的积蓄,一开始的放疗费用平均每天都在1万6千元左右。

当得知周梓怡的病情后,黄云龙主任向全校家长发送求救短信,在热心家长的帮助下,周梓怡顺利入住上海华山医院。小学部利用班队会进行集体讲话,向全体师生发出倡议,号召为挽救周梓怡同学奉献爱心。一时间,周梓怡同学的不幸遭遇牵动着师生及学生家长的心——因为在老师眼里梓怡是个品学兼优的好孩子,在同学眼里梓怡是个助人为乐的好伙伴。老师和学生的心中只有一个愿望,那就是不能因为昂贵的医疗费用而让这个花季少年失去最佳的治疗机会。

对生命的珍爱和尊重让全校师生们积极行动起来,开展了一场爱心大接力。小学部举行了一次特殊的升旗仪式,大家纷纷慷慨解囊,你一百,我五十,就连一年级的新生,也毫不吝惜地捐出了自己的零花钱。六(8)班的师生们为周梓怡同学绘制救助海报,张贴在校园内,并且多方走访,倡议爱心募捐,中学部也积极响应,发动捐款。一点一滴的救助善款汇集成了爱的海洋,寄托着全校师生们的美好的祝愿,希望周梓怡早日平安渡过难关。

正当周梓怡一家为无力承担医疗费用而一筹莫展之时,从学校汇来的45万余元善款点燃了他们全家人的希望之光。周梓怡的父亲满怀着感激之情给学校的领导、班主任发来短信:"大家用无数的爱心,点亮了前方的曙光,给予了我们全家人极大的安慰,也鼓舞了在病榻上与病魔作斗争的梓怡,这份爱心与意志将伴随他一生,感谢你们给了梓怡拥有新人生的希望。"

爱心不在大小,而在于传递与付出,只要人人都献出一点爱,就能点燃生命的希望。

为周梓怡捐款1

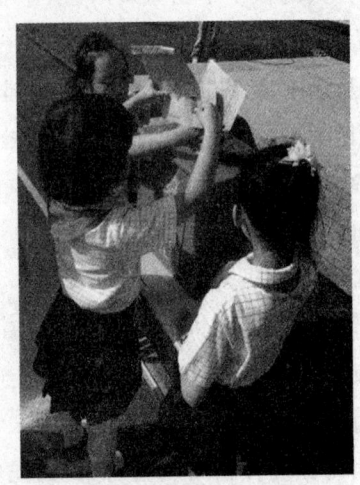

为周梓怡捐款2

为周梓怡捐款3

3. 我们帮你圆梦——玻璃女孩

有位叫汤紫妍的6岁小女孩,千里迢迢来到南京治病的期间,生平第一次坐到了教室里,当了南外仙林分校一天的学生。这一天的经历,是这个女孩子一生铭记的彩色回忆,也是南外仙林分校所有学子的无限财富。

(1) 身患绝症的"玻璃娃娃"。

汤紫妍出生在湖北省荆沙市的一户普通农民家里。小紫妍不到一岁时,有一次爷爷把她抱在怀里玩,她突然大哭起来。父母赶紧把她送到附近的医院检查,结果发现,紫妍大腿骨折了。在随后的几年里,小紫妍平均每年要骨折两三次,只要一下地走路,一定会骨折。到后来,紫妍的两条腿上凸出来很多长错缝的骨头,就像苍老的大树上长着的疙瘩一样,这些都是骨折后留下的印记。

2007年,汤紫妍的父母决定带着孩子来南京看病。在鼓楼中医院,他们得到了确诊:孩子患的是脆骨病,也就是俗称的"玻璃娃娃"。医生说,小紫妍胳膊的骨骼只有圆珠笔芯那么粗,大腿股骨也只有正常孩子的四分之一至三分之一粗。

(2) "我的梦想是上学,哪怕一天也好。"

由于无法站立行走,6岁的紫妍一天学也没有上过,爸妈买来了各种各样的识字卡片粘在墙上,只要一有时间就教女儿识字背诗唱歌谣。没过多久墙上的字她就全都能够念下来,古诗、歌谣也学会了很多。在老家,因为她懂得多,其他孩子放学后都把书本、作业拿过来,和她一起看一起做。

2007年春节刚过,紫妍的小伙伴都去上学了,她突然对妈妈说:"妈妈,我也要买个新书包,我要去上学。"妈妈说:"等你病好了,妈妈就带你去上学,好不好?""是不是我的病好不了,就永远上不了学了?"妈妈没说话,泪水潸然而下。懂事的紫妍从此不再提上学的事,但是每天下午,她都会安静地坐在家门口,呆呆地望着放学的小朋友从身边走过。爸妈都知道,在紫妍小小的身体里有个大大的梦想:我想上学!

(3) 让梦想"站"起来。

2007年3月,南京的媒体报道了"玻璃娃娃"汤紫妍的消息,整个城市开始关注这个让人怜爱的小女孩。

3月21日,南外仙林分校得知这一消息,迅速地确定了为汤紫妍圆梦的方案。仅仅用了三天的时间,中学部、小学部都开展了对小妍妍病情的宣传,引起师生对她到学校来圆梦的事极大的关注,并以极快的速度将课程的调配,教师的教学,活动的程序,甚至连时间的衔接都作了精细的安排。被安排和紫妍一同上课的小学部同学准备每人送她一件学习用品;而初中部同学知道紫妍生日临近,自发地开始准备一些手工制作的生日小礼物;更多的老师和同学在知道她的病情后,开始在学校范围内筹集捐款,为紫妍治病添把力。那几天,学校里好多人都能感觉到:尽管天气还是早春,浓浓的暖意却在大家心头涌动。

(4)"当你微笑时,就是晴天!"

在一年级(1)班第一排的座位上,汤紫妍开始了她人生中的第一节课。语文老师很照顾紫妍,特意安排由汤紫妍领读课文,每当提完问题,只要汤紫妍举起小手,就让她答题。课上了一半,紫妍的头上就贴上了两颗答对问题才有的小星星。

体验上学生活

在音乐教室悠扬的钢琴声中,平时就爱唱歌的汤紫妍如鱼得水,和同学们一起学习新歌。

还有十多天就是汤紫妍7岁的生日了,热情的初中部大哥哥大姐姐们早早就安排好一个特别的庆祝仪式,和小紫妍一起过这个她注定一生难忘的生日。仪式上大哥哥大姐姐们轮流为紫妍表演节目,送上祝福,最后点燃排列成汤紫妍名字英文缩写的蜡烛,现场30多人在烛光里一起为这个女孩子轻唱生日歌,场面温馨感人。

参加生日仪式的汤紫妍被哥哥姐姐们的募捐盒、礼物盒、千纸鹤,还有大蛋糕包围着,平时伶牙俐齿的小精灵面对这么多为她过生日的人有点拘束,整个仪式过程中话一直不多。但就在吃蛋糕的时候,小姑娘突然嫣然一笑,很大声地说:"这是我过的最开心的一个生日了!"

为汤紫妍过生日 1

为汤紫妍过生日 2

在她身边正好摆着一个包装得很漂亮的礼物,上面工整地写着:"当你微笑时,就是晴天!"

第一次参加升旗仪式

(5) 后记：

四年过去了，勇敢的汤紫妍接受了常人难以承受的治疗：在骨头里穿进钢条，帮助她支撑身体。在能站立起来以后，她第一个要求就是让爸爸妈妈送她去当地学校上学。现在小紫妍的成绩一直在班级前列。她的爸爸妈妈告诉在南京治疗时结识的朋友们，紫妍一直都牢牢记得在南外仙林分校上的人生第一堂课——也许这一生她都不能跑、不能跳，但她永远不会忘记：自己的梦想曾经在这里快乐奔跑过。

我们给了小妍妍一天的学校生活，然而小妍妍却带给我们更多。她给了我们学生一次触摸感动的机会，我们也怀着一颗感恩的心，给了她一次做回正常孩子的机会。我们相信，她一路都不会寂寞，因为有一群像南外仙林分校的大哥哥大姐姐一样的人陪着她走生命中的每一步。

让榜样带动更多的人——公益、志愿组织和先进爱心个人

南外仙林分校重视发挥榜样示范作用，通过建立规范的组织，充分发挥榜样力量，带动更多的人加入爱的队伍中来。

1. 我是光荣的小红帽

志愿者协会成立于2008年，这是第一支由校团委领导、学生自发组织管理的优秀志愿者队伍。"我愿意成为一名光荣的志愿者。我承诺：尽己所能，不计报酬，帮助他人，服务社会，践行志愿精神，传播先进文化，为构建

和谐社会贡献力量！为使我们的国家和城市更美好、人民更幸福、环境更安全，我要团结身边的人，投身其间。面对需求，我要行动。我承诺，我将竭尽所能，参加公益活动，帮助困难人群，真诚关怀有需要的人士，为他们带来温暖……"伫立在会旗前，戴上鲜艳的红袖章，第一届校志愿者协会的志愿者们庄严宣誓，承诺尽己所能，参加志愿服务工作。

　　自从校志愿者协会成立，校内便活跃起志愿者们的身影。极具学校特色的六大节中，他们随处可见——夏末的体育节，志愿者们不顾烈焰骄阳，不惧筋疲力尽，他们只戴上一顶小红帽，便纷纷步上各自的岗位：检录处持续点名时唇干舌燥，跑道边维持秩序时声嘶力竭，沙坑旁铲平沙土时腰酸背痛，跳高处帮助扶杆时不厌其烦，终点记录时双眼酸胀；初冬的艺术节，紧张、快节奏地集中演员，灵活、机智地传递话筒，小心翼翼地搬动乐器；还有读书节、演讲节、科技节、外语节……周末与寒暑假期间，学校志愿者放弃休息和娱乐的时间，他们仍然无处不在——各大地铁站内，他们耐心地为路人指路，热情地指导市民购票；市图书馆中，他们奔波于各排书架间，将错置的图书分类、归位，或是守候在机器前，帮助读者查找图书信息；儿童医院里，他们维护挂号队伍的秩序，安抚啼哭的孩子，帮助分发数量庞大的病历；在被授牌中学生社会实践基地的凤凰书城，他们担任起收银、广播、前台接待的职责……南外仙林分校志愿者协会不仅广受校内师生赞扬，他们热心公益的心愿、认真执着的表现以及活动中所突显出的吃苦耐劳、乐于助人的品质还获得了社会各界的充分肯定，充分展示了良好的素质和形象。

志愿者服务

志愿者大会照片 1

志愿者大会照片 2

时至今日,越来越多的同学通过参加各项社会义工、社会实践活动获得了自身历练。不图物质报酬,不受利益驱使,他们用热情、真诚与责任在南外仙林分校的沃土上树立了一面鲜明的爱的旗帜!

2."正公益"组织

2013年,在南外仙林分校学生中出现了又一个响亮的名字——"正公益"组织。这是学校又一个自发的学生奉献爱心的组织。

南外仙林分校周颖泉等6名高二学生可不简单,他们发起组织的"正公益"图书捐赠活动无疑是高中生活中最难忘的"实践课"。这个完全由学生发起,旨在向贫困学校捐赠图书,搭建学校图书馆的公益组织从创办开始,就备受瞩目。

(1) 最高效:84天"打造"爱心图书馆。

6月份期末考试之前"突发奇想",8月份就带着上百册图书奔赴安徽,"正公益"组织的活动效率高得惊人。"正公益"组织成员之一、南外仙林分校高二(6)班徐詹棋说,发起"正公益"图书捐赠活动,目的就是为了让贫困地区的孩子不仅能看上书,还能有序地读书。"我们针对孩子的特点,对各年龄段的孩子的阅读计划进行了科学论证和制订。"徐詹棋说。"正公益"活动也得到了6位学生父母的支持,募捐图书和资金的计划顺利开展。

通过微博、博客和微信三种方式,"正公益"组织的6名成员在短时间里获得了极高的成效。"一位不愿透露姓名的女士一下子就给我们捐助了500元,"总体领导规划的女生周颖泉说,"在微信上,也有一位黄先生和我们进行着积极互动,给我们捐了很多书。"周颖泉对活动的周期做了计算,从开始策划到真正在两所小学里建成爱心图书馆,"正公益"团队只花了短短84天。

(2) 最窘迫:两个书架共拆装了5次。

在南京的时候,6位学生都是家中的"掌上明珠",但到了贫困学校,凡事都得自力更生。"正公益"组织到达的第一所贫困小学位于安徽六安。"学校的名字叫松林小学,很小,全校20多个学生只有一个老师,课程也只有语文和数学。"刘子莛说。在家长和热心人士的帮助下,团队一共带了两个书架,将近300本书,15个排球,25个竖笛等物资到达松林小学。

到达学校后,安装书架的任务给了这群热心公益的孩子一个"下马威"。由于书架是通过网购买来的,木板和零件都需要自己来组装,但6位学生谁都没有组装家具的经验。"在组装第一个书架的过程中,我们先后搭错了3次,每次都要拆了重装,这让我们很是懊恼。但是第二个书架因为有了第一次的经验就顺利多了。"刘子莛告诉记者。虽然因为技术不熟,两个书架一共拆拆装装了5次,但成员们却毫无怨言。

(3) 最开心:"小老师"教会学生颠球。

"正公益"团队送到贫困小学的不仅是图书,还有全新的知识。为了让山区的孩子也能感受"外面的世界",团队成员利用自身特长开设了"选修课"。精通甲骨文的徐詹棋给学生们上起了国学课,金梓瑄教学生学起了绘画,"体育老师"刘子茳则教学生们学起了颠排球。"我在小学一到四年级学习过排球,知道排球对于很小的小朋友来说的确是很困难的,所以将他们分成了两人一小组,每组由一个稍微大一点的小朋友带着一个小一点的小朋友,当我无法让小小朋友很好地理解我的时候,大一点的小朋友就会帮我很多忙,真的真的非常感谢小朋友们的配合。"第一次成为"小老师","正公益"的成员们都十分感慨。"初次接触新鲜事物让孩子们克服了内心的害羞,我甚至在第一天午饭后的休息时间,看到了有小朋友拿出排球,自己找了小伙伴在空地上练习,那个场景让我感到非常开心和感动,觉得自己的小小付出有了一点回报,给孩子们平淡的生活中送去了一些乐趣。"

(4) 最难忘:"正公益"让他们懂得感恩。

"我们的目标是在贫困小学建立四所爱心图书馆,现在已经建立了两所。明年开春,我们将去第三所学校继续我们的爱心行动。"周颖泉说。"正公益"给团队成员们带去的不仅是送出爱心后的满足,充当"小老师"的经历也让他们懂得更加感恩自己的老师。金梓瑄说:"两节成功的音乐课是对我莫大的鼓励,给了我很多自信。以至于现在在学校上课的时候,我会一边听老师讲课,认真学习,一边考察着老师的教学思路以及理念,还有一些教学手段:比如冷场的时候怎么去活跃气氛,重要的知识点怎么去讲解得细致、透彻。如果没有这次活动,我也不会有这些思考。虽然这种思考很简单,但是要有这种意识却比较困难。"

团队感悟:

从萌生想法到付诸实践,我们用了八十四天。八十四天,我们实现了青春的梦想,干了一件很棒的事。第一次做,做得特别认真,做得也挺困难。幸好,第一次活动顺利结束了,收获颇丰。我们和孩子们一起对颠排球,我们和孩子们一起唱小星星,我们和孩子们一起折星星。孩子们在阅读本上认真地写下自己的名字,孩子们涌去图书角挑选自己喜爱的书籍,孩子们迫不及待地用竖笛吹响一个个音符。感谢所有帮助过我们的人。

——周颖泉

这是我们的第一次出行,心中有着难以言表的兴奋。一大早起床赶到集合地点,坐上车补觉。一路顺利地来到了我们的目的地,但是,看到学校校门的时候,我真正地明白了我们身上的担子到底有多重。我为小朋友们安装了书架,在炎热的天气中,已经顾不上擦汗了,想到小朋友们看到书架后的笑脸,浑身都充满了激情与力量!我虽然没有教课,但是参与其中的感觉也是最棒的。下一次,我们一定要拿出更充分的准备,给孩子们更多的关爱!

——赵伟杰

  从互不相识,到一起插科打诨,从开始做美术课件,到上完美术课;从开始收集图书,到将图书都摆上架,一共经历了两个月。两个月里并没有什么惊心动魄的风风雨雨,我们一直脚踏实地。不艰辛≠不辛苦,四十度左右的夏天,顶着火一般的太阳出门到爱心捐书的同学家取书,在会议室里挥汗如雨地把一摞摞书翻来覆去地归类、整理,有时候忙到晚上9点,小伙伴们也都毫无怨言。看到孩子们都学会了我教的东西,看到他们亲手做的作品做成海报贴上了墙,他们的欢呼雀跃也成为我心底最绚丽的一幅画。

——金梓瑄

  作为"正公益青少年图书计划"的第一批成员,看着从最初的建立到现在已经去往第一所小学完成了我们的第一次活动,想到当初有人提出来得到大家的赞同但完全不知道方向的事,现在终于做到了,非常激动。

——刘子莛

  这种活动看似只是山区的小朋友受益其中,但其实,参与其中的人们多多少少会受到活动的润泽,比如启发一些思考,锻炼一些能力,会有很多意料之外的收获,这些收获又是往日学习生活中不易得到的。所以,怀着一颗虔诚的心做公益,不必奢求太多回报,正所谓"赠人玫瑰,手有余香",其精妙之处也就在这里吧。

——杭天宇

  虽然我们还是一群高中生,但"正公益"却让我们学会逐渐用成人的视角来思考问题和解决问题。公益活动需要更多人的参与,我们还会继续传递下去,我们会做得更好,我们会一直努力。

——徐詹棋

3. 颜子麟爱心故事

  颜子麟,男,10岁,南外仙林分校三年级(11)班学生,班级宣传委员,曾获校"优秀网络服务志愿者"荣誉称号。

  2013年,颜子麟从妈妈那里得知西藏雪灾严重,那曲县古路镇1村小伙伴缺乏过冬衣物时,他对妈妈说想在自己所在的二(11)班发起募捐活动,得到妈妈支持。于是他征求班主任意见,得到家委会支持后,班主任将颜子麟同学的倡议对全班同学说了,并播放有关灾区录像给同学们看,大家很同情灾区孩子,一致响应倡议。最后,该班募集了大量物资,送去帮助藏族小朋友,一起共渡难关。他们在捐献的衣物中都放上一张寄语条,写上对灾区孩子的心里话。这个爱心捐助的后续活动,到现在还在延续着。

这批衣物送达后,那曲县古路镇政府和西藏自治区政协办公厅(与该镇结对帮扶的上级机关)相继给南外仙林分校发来感谢信,感谢颜子麟和全班同学的善举。由此,学校及省、市教育部门才相继获悉,省教育厅沈健厅长和市委教育工委刘莅书记先后作出批示,要求各校学习宣传,各大媒体也相继进行了报道。

(1)受熏陶,爱心家庭育爱心。

颜子麟从小在部队大院长大。良好的家庭教育、积极向上的军营环境,以及学校老师对学生无微不至的教育和关爱,在他幼小的心灵里播下了爱心的种子,使他逐步养成了与人和睦相处、乐于帮助别人的好习惯。

2008年,汶川大地震,正是颜子麟3岁的时候,妈妈抱着他去参加了赈灾义演。在那样一个传递爱心的活动中,颜子麟第一次向妈妈讲出了他心底对爱的理解,他说:"妈妈,爱很快乐。"也许正因为这样,在成长的路上,他怀着爱,快乐也常伴随着他。

在幼儿园上小班时,颜子麟所在的幼儿园为宿迁的一名孤儿组织了一次爱心义卖。热情的小子麟把自己心爱的玩具拿出来,在义卖场用稚嫩的童音大声叫卖:"给哥哥捐学费,大家献爱心!"那一天,他把所有卖玩具所得的钱,全都捐给了那位哥哥。

(2)细呵护,爱心的种子生根开花。

在他居住的小区里面,有一位保洁的阿姨,因为家庭经济条件不好,经常会上门收一些废品,卖了钱贴补给女儿上学。颜子麟知道后,就把家里每次用完废弃的包装盒、纸张等都收集起来,集中交给楼下的阿姨。这件事从上小学开始,一直坚持到现在。

爱,深深地扎根在他的心中。有一次,妈妈带着他去美术馆看画展,入场时,他看到一位老爷爷在街边卖小玩具,于是就满心惦记着。等看完画展一出来,他就着急地拉着妈妈去买玩具。老爷爷卖的玩具很简单,都是手工做的,远不及家里的那些,可他却执意要买。妈妈不肯,小子麟都急哭了,他告诉妈妈:他想买玩具,并不是因为贪玩,而是觉得老爷爷年纪这么大,还在路边摆摊,太辛苦了。妈妈这才意识到自己误会了小子麟的爱心行为。

后来,每当遇到那些伸手乞讨的老人、残疾人,以及那些他认为应该帮助的人,他总会把自己身上的零用钱一股脑儿地拿出来,赠送给他们。有一次,他在总统府门口看到一位年迈的老奶奶在乞讨,很想帮助这位老奶奶,可身上没有零钱,妈妈又暂时不在身边,只得看着老奶奶离去。他在原地着急地等着妈妈回来。一见到妈妈,他就迫不及待地拉着妈妈,顺着老奶奶离去的方向追赶,一直追到拐弯路口,才终于见到那位老奶奶。他跑过去把钱递到奶奶的手里,才安心地回到妈妈的身边。

良好的家庭教育,还使他懂得关心、体贴父母,孝敬长辈。有一次,妈妈生病了,卧床休息。他不让妈妈操心,一大早就起床穿衣洗漱,还动手为妈妈做了他平日里最爱吃的鸡蛋面,希望妈妈吃了他做的爱心面,能快快好起来。每逢天气变化的时候,他总是第一时间打电话给外公外婆、爷爷奶奶,叮嘱老人们照顾好身体,注意保暖。

对颜子麟的爱心,爸爸妈妈非常支持,还专门成立了"颜子麟爱心慈善基金",专门帮助白血病儿童患者。有一次,小子麟得知无锡有一位优秀的大学生哥哥患了白血病,需要骨髓移植,就马上告诉妈妈,让妈妈联系无锡的医院,把爱心送到了哥哥的病床边。

还有一次,他从爸爸车上的电台里听到南京的一位小姐姐烧伤严重,急需进行皮肤移植手术,电台也正在面向全社会呼吁爱心人士给予帮助,小子麟立即转告妈妈,行动起来,把爱传递过去,希望能尽快帮助正在饱受痛苦的那位小姐姐。

学校小学部发起为六(11)班患白血病的张祈怡同学捐款,颜子麟从"子麟基金"中拿出2 000元捐献,给学姐送去了一份暖暖的心意,祝福她早日康复。

(3) 透芬芳,爱心传递你我他。

用颜子麟自己的话说:"我从小就知道,只有帮助别人才能获得快乐。"子麟是三(11)班宣传委员,他积极竞选中队宣传委,目的就是为了发动全班同学一起献爱心,而三(11)班其他同学自愿为子麟投票,也是因为他多次在班级组织慈善募捐活动,受到了全班同学的认可和肯定。

"温暖"主题班会

"温暖"主题班会上老师现场采访颜子麟

颜子麟和妈妈

在家庭和学校老师的教育下,"勿以善小而不为,勿以恶小而为之",成为小子麟的座右铭。在学校,颜子麟热爱自己的校园,从不乱丢垃圾,无论是在过道走廊,还是在教室,看到纸屑垃圾,他总是飞快地捡起来扔到垃圾桶里;在校外,无论在公共场所上下楼梯,还是乘坐电梯,只要看到年迈的老人,他都会主动上去搀扶,并嘱咐老人小心,注意安全。

　　心灵之美是温润的,需要以爱心、以文化、以修养去滋养。从小事做起,从身边做起,我们期待颜子麟的爱心故事能传播真、善、美的种子,在更多孩子幼小的心灵里开花结果。

附:

感　谢　信

尊敬的校长:

　　我们是西藏那曲县古路镇1村全体村民,在冬季来临之时我们收到了南京外国语学校仙林分校二(十一)班颜子麟同学发起的全班捐赠衣物活动所捐来的衣物,带给了我们无比的感动,为贵校师生的爱心而感动,特此写这封信一表衷心感谢,我们深深感受到藏汉心连心,虽然相隔遥远,但我们有一个共同的母亲叫中国,我们永远都不会忘记你们的爱心,在此表示衷心的感谢!

那曲县古路镇人民政府
那曲县古路镇1村
2013年12月27日

　　在南外仙林分校,颜子麟不是个例,而是有一批这样的学生。学校长期推行青少年理想教育、爱心教育和博爱教育,让爱心奉献及慈善理念深入到每个孩子和家庭。

　　"爱的教育"是浸润的过程,这瓶美酒需要时间来酝酿,只有懂得品尝的人才能懂得它的芬芳。无论是汶川的地震还是印度洋的海啸,在面对灾难时南外仙林分校的学生都会第一时间自发地组织起来捐款捐物;无论是救助藏族的女孩还是牵手贫困的学生,南外仙林分校的学子们都会鼎力相助……这是一种大爱,是一种发自内心深处的强烈的社会责任感,虽然他们的肩膀尚且稚嫩,不能托起所有的重担,但是这已足以让我们感到欣慰了!

　　一届又一届的学生离开了南外仙林梦的故土,开始追寻自己的理想,但是无论走到哪里他们都心怀母校,因为这里教会了他们如何去爱。2011年

11月25日感恩节《扬子晚报》头版头条报道"海外学子 传照感恩",南外仙林分校海外学子掀起"我在想仙林"活动,全世界百余名南外仙林的学子网传照片感恩母校,这条新闻成为了街头巷尾热议的话题,由此可见学校对孩子的"爱的教育"已经浸染到每一个学子的生命里。

社会实践

校园实践活动1

校园实践活动2

学　农

春游远足活动

社会实践

学 工

学农活动中同学们在采棉花

军 训

第四章　社会实践

　　青少年是人生发展的奠基阶段。学校开展社会实践活动其目的是引领学生回归生活世界,帮助学生在广阔的生活实践中,在情感与理智有机结合的基础上,丰富生活视野,进入积极的生活境界,从而提升生活的质量和生命的价值,成为具有主体精神的人。南外仙林分校社会实践内涵丰富,包括校园一日实践活动,春游远足,秋游主题实践,"学军""学工""学农",义工慈善活动,"学生使者",修学旅行等。

绝知此事要躬行——红领巾校园一日实践

　　红领巾校园一日实践活动能使学生从班级的小课堂走入校园的大课堂,了解校园各工作岗位,比如食堂、小农场、保卫室、图书馆等,加强职业体验。具体做法为:以班级为单位,每周一个班,停课一天进行校园实践活动。主要有下列内容:食堂帮厨,图书馆借阅工作,协助门卫进出管理,小农场劳动,校园绿化等。该实践活动,可以帮助学生树立"我的学校我做主"的爱校思想和劳动观念,培养学生的环保意识和团队合作精神,提高学生的动手能力。

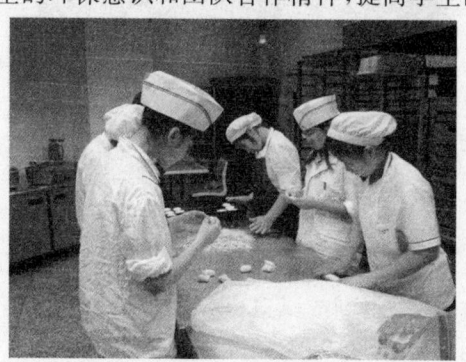

餐厅包饺子

　　俗话说:没有规矩,不成方圆。针对不同的职业体验,学校还分别制订了各岗位的要求。

1. 食堂

(1) 进入食堂的操作间必须注意个人卫生清洁,保持食堂服装的清洁。

(2)注意安全,服从食堂工作人员的管理和安排,远离可能给大家带来安全隐患的物体。

(3)不要乱跑乱窜,小心地滑,避免妨碍其他食堂工作人员的正常工作。

(4)按时出勤,不得迟到早退,尽职尽责地完成自己的工作。

(5)下午班级会餐包饺子的时候,可邀请自己班级的课任老师参加,保持现场的清洁和卫生。

2. 小农场

(1)注意安全,远离可能存在安全隐患的地方。

(2)保护小农场内的农作物,爱护小农场的小动物,不得随意践踏,不得随意逗弄。

(3)同学之间不得打闹嬉戏,避免人为伤害。

(4)服从管理,按时出勤,不得迟到早退,对自己所分配到的工作尽职尽责地完成。

(5)夏天戴好帽子,每次活动注意携带水杯。

学生校内田间劳动

3. 保卫室

(1)按时出勤,不得迟到或早退。

(2)根据要求佩戴绶带,站姿标准。

(3)仪表大方,穿着干净整齐。

(4)工作认真负责,对于所发现的违纪现象不得隐瞒,及时汇报。

(5)服从保卫处指导老师的安排和管理。

4. 图书馆

(1)不可大声喧哗,保持图书馆的安静和秩序。

(2)搬书时注意安全,不得追逐打闹。

(3)爱护图书及图书馆内设施,保持图书的清洁。如有损坏,及时上报。

(4)服从图书馆内指导老师的管理和安排,尽职尽责地安排好各项工作。

附一:"校园一日实践"活动流程

项目	内容	责任人
1	活动前一日18:30,班级利用夕会,做校园一日实践的动员;定岗定责	班主任
备注	动员时请结合活动计划的宗旨,激发学生参与活动、体验生活的兴趣;定岗位时,能充分考虑到学生的实际情况,并在每组选出组长	
2	7:20,全体集合,分发标志,再次动员	学生处、班主任
备注	要求学生保管好标志	
3	7:50,"校园一日实践"正式开始(上午部分)	各部门、班主任
备注	班主任将上、下午的学生名单以及评价表格交至各实践部门;在上午活动过程中,班主任、年级组、学生处分别巡视,了解学生情况;各实践部门安排充足的工作量,在实践过程中对学生严格要求并加以指导,使学生在实践活动中有所体验,有所收获	
4	12:00午餐,12:30午餐后换岗	
备注	总结上午情况,提出下午的要求	
5	13:40,"校园一日实践"继续进行(下午部分)	各部门、班主任
备注	班主任将上、下午的学生名单以及评价表格交至各实践部门;在下午活动过程中,班主任、年级组、学生处分别巡视,了解学生情况;各实践部门安排充足的工作量,在实践过程中对学生严格要求并加以指导,使学生在实践活动中有所体验,有所收获	
6	17:30,"校园一日实践"结束	
备注	各部门上交反馈表至学生处	
7	18:30,利用夕会总结	班主任
备注	在对学生进行精神引领的同时,要求学生以随笔的形式上交心得体会	

附二：校园一日实践班级感悟

初一(3)班　2006年10月23日

今天是一个比较特殊的日子，因为我们停课一天，进行了"校园一日实践"活动，一天下来，大家的第一个反应就是——累。但是我们也都很快乐，因为我们体验了平日中没有的生活，学习到了课本上没有的知识。下面，分四个实践部门总结一下：

首先，感触最深的可要算在保卫室实习的同学了。早晨8点，他们就去了保卫室学习站岗。上午，入校的人不多，看似清闲，可要笔直地、一动不动站在那儿，滋味真不好受。总是有礼貌地重复着同样的几句话，回答那些不知情人士的各种提问等，真是无聊至极。到了下午，碰上小学部周末接送，大量的家长蜂拥而至，应接不暇。他们又担负起在门口指挥交通的任务。有些车子还不听指挥，横冲直撞。他们终于体会到保卫工作的劳累和枯燥，从而多了一份对保安的敬意。

最辛苦的就是图书馆里实习的同学。他们走进阅览室，看到一本本书被随意地扔在书架上，平日看来也许没什么，但今天换了个角度，就感到有些杂乱。他们按照图书管理员的方法，认真而又细致地排列图书，手酸痛酸痛的。下午，又开始打扫卫生，一排一排地扫地，拖地，搬开椅子，又推进椅子，又到其他各个图书馆去擦桌子、椅子，干得满头大汗，不过，玩了会电脑算是补偿吧。他们感受到了平常学习的幸福。

最幸福的当然是在食堂实习的同学了。他们到了那里，首先剪火腿肠，别看这件小事，可是想要做好它，可不容易啊！有的同学一不小心，就全剪下来，这样就要用手挤出它，很麻烦。火腿肠剥着剥着，就把他们肚里的馋虫勾出来了，不知不觉吃了好几根。干完了剪火腿肠，又轮到剪蘑菇。还有的在点心房学做点心，今晚我们吃的风车酥就是他们做的。最后，又去擦玻璃，扫地，拖地。在食堂可以吃，不过也很累。他们感受到了叔叔阿姨的工作辛苦。

可想而知，最快乐的要数我们在小农场实践的同学了。到了那里，首要任务是挖萝卜，开始总把它铲断，后来学会了技巧，很快就可以把一个萝卜挖出来。不久，将所有的萝卜都挖出来送到了食堂。下午，我们开始剥玉米，一眼看见满屋的麻袋，腿都快软了。不过，我们很快有了信心：一定要超过前面班级。边剥边聊天，不知不觉，7麻袋玉米让我们剥完了，一种前所未有的成就感，油然而生。虽然很累，手很疼，但我们深深体会到了工人们的苦处和我们的身在福中不知福。

晚上，我们受到了特殊的待遇——包饺子、吃饺子。大家也许都不是第一次包饺子了，所以有的包得挺好看，有的同学还玩了玩，将饺子包成各种形状——"飞碟""太阳花""小笼包""烧卖",还有人将硬币塞入馅中娱乐。因为是自己亲手包的饺子,所以吃起来有滋有味,每个同学都吃得饱饱的。

今天,每个同学都品味了自己的第一次实践,虽然很苦、很累,但是大家都很快乐,希望以后多搞这种实践活动!

附三:校园一日实践学生感悟

这是我出生以来第一次这么累。早上八点钟,我们一行人去食堂打扫卫生。我们先是在一楼擦玻璃和瓷砖,瓷砖和玻璃都很难擦,这两项工作我们做得很认真,从中我体验到了一个字"苦"。早上的大扫除使我们用尽了力气。我算了算,每天打扫3次,一星期就是21次,一个月就是84次。接下来是剥大蒜。大蒜散发出来的味道很浓,我被呛得流了几次眼泪,还有一种想吐的感觉。而此时叔叔阿姨们仍然在剥大蒜。

——谢旭东

将近中午,我们学习了切菜、洗菜、给同学打菜。午饭是匆匆吃完的,吃完饭是洗盘子。一层楼三百多个,三层是一千多个。一日3次,一星期21次——通过这一天的劳动,我发现我们平时吃饭时把桌子、地面弄得十分脏,让食堂的叔叔阿姨们忙得不可开交,真是太不应该了。食堂工作人员做菜做点心非常辛苦,在食堂的烘烤间,叔叔阿姨们忙得满头大汗。以前我经常不吃这个,不吃那个,甚至还到处乱扔——从现在开始,我一定会珍惜别人的劳动成果,珍惜粮食,不再浪费粮食了。

——孙徐康弘

今天呢,是个特殊的日子,我很荣幸代表班级去小农场参加实践活动。在这一天之中,我们辛苦,却很快乐。早晨,我们第一个项目是给小动物们打扫圈舍,有鸡圈、鸭圈、羊圈、猪圈。不仅要打扫,还要用水冲洗小动物的圈舍。在打扫圈舍时,那里臭味弥漫,地上还有垃圾。可那些工人每天都要给小动物们喂三次食,每天都要给动物们清理圈舍,那种坚强的毅力,是一般人无法想象的。指导老师武老师给我们讲解了许多知识:羊和牛都是吃食物时会反刍(吃东西后会吐出来,再吃下去);山芋是块根植物,长在地下,比较难挖,稍不留心,就会把山芋给挖坏了;玉米是单科植物……第二个活动是拔山芋,那就更不用说了。老爷爷挖,我们一起去抢着拔,在大家的共同努力下,我们拔光了所有的山芋。大家把山芋洗干净,在老爷爷的帮助下,我们开始烤山芋了——山芋烤好后,大家都没有抢,先让老爷爷吃,我们再吃。吃了也不忘记老师,便喊同学给老师送几个过去。

——董金星

今天,我们去图书馆实践。本以为整理图书、打扫卫生都很容易,图书管理员肯定很轻松,但经过这一天的劳动后,我才深刻地体会到:其实并不简单。张老师首先带领我们参观了采编室,告诉我们每一本书都要经过采编,获得一个"身份证"才能放到图书馆里。

　　之后老师带领我们打扫图书馆。真是不扫不知道,一扫吓一跳,原来看似很小的图书馆今天竟变得这么大!而且图书馆的每一张桌子,每一把椅子都要擦得很细,真是太累了!尽管辛苦,但是我们感受到了工作人员的辛苦,光排个书签就得花费四五个小时。平时看书习惯了拿一本就放一本,很随意。可是今日可不比当初了,一摞一摞乱七八糟的书东一本,西一本的,让我想起了许多和我一样把书一摆就走了的同学。我们不停地收拾着,看到减少的乱书,我们的心中十分欣慰。从今天的劳动实践中,我懂得了一个道理:不论任何事,想要做好都不容易,不要轻视生活中的任何一件看似不起眼的小事。

——朱书宜

　　今天在保卫室中,到站岗时间了,尽管车辆不多,但队长依然要我们笔直地站在门口,因为站岗不仅仅是在群众面前的一种表现,它更是军人的尊严。在门口,任何外来的人,通过打电话询问、确认后才放行,任何校外车辆不得随意进入,除非是做过登记的。在队长的指导下,我们做得井井有条。下午小学部接送,我们在门口指挥车辆,让车辆有序排好,控制好门的开关,检查每个小朋友的通行证,以确保他们的安全。这次活动增强了我和陌生人接触交流的能力,让我更有信心与他人相处,而且还增强了我的责任心,让我更加理解"以身作则"的真正含义。

——黄逸

在希望的田野上——土地承包

　　土地承包就是将学校小农场的部分土地"分田到户",把一块块土地承包给班级。各班级学生代表与学校签订小农场承包合同。按照合同要求,在课余时间,学生定期到小农场,在专业教师指导下,进行翻地、种菜、浇水、锄草等体验活动。体验教育是学校理想教育的一个重要环节,其中校园小农场的"土地承包活动"便是其中一个重要项目。学校将把小农场的"土地承包活动"打造成体验教育的精品,让同学们在实践中感受到播种的劳累和丰收的甜蜜。

附:南京外国语学校仙林分校生态农场土地承包合同(模拟)

本合同双方:南京外国语学校仙林分校总务处　　　　　　(以下简称甲方)
南京外国语学校仙林分校中学部少先大队2011级中队　　(以下简称乙方)

就乙方承包甲方生态农场土地事宜,经双方同意订立合同(模拟)如下:

1. 甲方将生态农场的十四块土地承包给乙方按季节种植时令蔬菜。
2. 甲方根据农事规律帮助乙方制订合理的种植计划,进行有效的技术指导。
3. 甲方为乙方提供相关工具、蔬菜种子、肥料及其他服务。
4. 甲方有义务进行安全生产的宣传、指导和监督。
5. 甲方应督促乙方有序地开展农事活动,并定期向乙方的主管部门学生处反馈劳动情况。
6. 签订合同有效期限为一年。
7. 乙方在承包土地之前要做好前期准备:要有极大的热情,吃苦耐劳的精神,长久的责任心,相关知识的搜查、储备和宣讲。
8. 乙方每周保持不低于一次的田间劳作。对所种植物进行播种、间苗、分栽、中耕除草、施肥、浇水、病虫害防治、收割等养护管理。
9. 乙方在养护过程中要做好相关的资料记录,和前期准备的理论知识相结合,总结一套自己的种菜经验和心得,从而掌握一种以上的蔬菜种植技能。
10. 乙方在农场耕种过程中要遵守农场的有关规定,爱护农场的动植物,尊重农场师傅的劳动成果。
11. 乙方每次农场活动要按要求填写相关表格。
12. 乙方按要求有序领用工具,安全使用工具,劳动后要如期归还。
13. 乙方承包土地的成果原则上归乙方所有并可自行分配。如果劳动次数低于要求劳动次数半数,则扣除全部劳动成果;实际劳动次数高于半数低于八成,则按比例扣除劳动成果;因特殊情况实际劳动次数高于要求总次数八成的,可全部领取劳动成果。
14. 本协议一式二份,由甲乙双方各执一份;未尽事宜双方协商解决。本合同最终解释权归甲方所有。

甲方名称:　　　　　　　　　　乙方名称:
南京外国语学校仙林分校总务处　南京外国语学校仙林分校中学部少先大队2011级中队

代表:　　　　　　　　　　　　代表:

　　　　　　　　　　　　　　　　　　　　合同签定日期:2011年10月30日

社会大舞台，人人都参与——"学军""学工""学农"

高一、初一起始年级"学军"活动：该项社会实践活动与每年的军训结合在一起。主要在汤山炮兵学院进行，通过较为系统的国防知识教育和一定的军事训练教学，使学生初步掌握基本军事理论与军事技能，增强国防观念和国家安全意识，强化爱国主义、集体主义观念，加强组织纪律性，促进学生综合素质的提高，为中国人民解放军训练后备兵员和培养预备役军官打下坚实基础。

"学工""学农"活动："学工"和"学农"都是学校必修的社会实践课程。

时间安排：高一年级"学工"、高二年级"学农"。"学工"基地：一般到新港开发区工厂参观实习，赴宜兴紫砂陶瓷学工基地、徐庄软件园参观实践。"学农"赴江浦行知学农基地实践。同学们在参加工业劳动和农业劳动的过程中，与生产第一线的劳动者接触后，体会劳动的艰辛，树立劳动观念，体会收获的快乐、成长的滋味，开阔视野，提高自身实践能力。

每次实践活动结束后，各个班级和年级组都会利用班会、夕会和其他活动时间，给学生交流的机会，使学生的认识及时得到升华和巩固。同时要求学生写出调查报告、书面总结和活动感受，为活动深层次开发提供了基础。

"学农"活动

女生队列表演

军训活动

附：南外仙林分校2008年农村实践活动计划

活动对象
高二年级全体学生
活动时间
2008年10月22日—25日(四天)
活动内容

日期	上午	下午	晚上
10月22日（三）		1. 到达基地，安排住宿； 2. 举行开营式，学生代表发言，基地领导、学校领导讲话； 3. 进行队列训练，所有活动实行军事化管理	全体学生听取五里村发展报告
10月23日（四）	(1)—(3)班：在行知基地实践茶场学习采茶，观看茶叶制作全过程； (4)—(6)班：在行知基地学习陶艺制作，然后在枣园学习翻地； 国际部学生：赴农户接待站开展社会调查，在农家午餐。下午13:30返回基地	(1)—(3)班：行知基地学习翻地，然后学习陶艺； (4)—(6)班：到南京农业大学江浦实验农场参观劳动 国际部学生：撰写调查报告，学习陶艺制作	露天电影
10月24日（五）	(1)—(6)班：分赴农户接待站开展社会调查，在农家吃饭，下午2:00返回基地；2:30—4:00听取行知小学校长报告；4:00—5:00撰写调查报告；然后准备营火晚会节目		举行营火晚会，燃放烟花爆竹
	国际部学生：学习采茶，观看茶叶制作的全过程	到南京农业大学江浦实验农场参观劳动	
10月25日（六）	(1)—(3)班：到南京农业大学江浦实验农场参观劳动； (4)—(6)班：学习采茶，观看茶叶制作的全过程； 国际部学生：参观艺莲苑花卉基地，然后在行知基地枣园劳动	1. 举行闭营式，学生代表发言，校领导和基地领导讲话； 2. 收拾行李，返回南京	

第四章　社会实践

备注：①学生开办基地广播站；②每班每天出一份活动简报；③宿舍卫生评点；④每晚召开班干部会议，及时反馈活动信息。

活动准备

1. 所带物品：床单(2 m×1 m)、被套(2 m×1.5 m)、换洗衣服、饭盒、脸盆、毛巾、牙刷、牙膏、肥皂、漱嘴杯，自备梳子、雨具、拖鞋、笔、笔记本等。
2. 学校提前安排好学生住宿基地名单。
3. 成立学生自我管理组织。

注意事项

1. 注意安全：防水、防车、防火、防单独行动、防电、防猫狗抓咬。
2. 遵守纪律：遵守《宿舍管理规范》《食堂就餐须知》以及其他有关要求。
3. 穿长袖衣裤，穿胶底球鞋。
4. 爱惜财物：爱护农户家财物、爱护基地设施。
5. 不怕苦、不怕脏、不怕累。

南外仙林分校　南京行知基地
2008 年 10 月

沟通创造未来——"学生使者"

"学生使者"项目是面向中学生的国际文化交流项目。参加项目的学生经过严格筛选，寄宿于当地经政府审核通过的正规志愿接待家庭里，进入当地学校高中学习一学年，担负起其作为"学生使者"进行国际文化交流的使命。交流学生通过其在国外的生活和受教育经历，深层次地了解该国家庭的生活状况和学生的学习生活方式，不仅可以快速提升外语水平，增进对该国文化的了解，而且通过海外独立的生活，培养了独立成熟的个性，提高了其沟通协调及适应新环境的能力。

通过参与国际文化的交流，与不同文化背景的人交往，学生会获得更丰富的人生经历、更广泛的事业发展机会。"学生使者"项目的宗旨是帮助青年人在这个不断变化、相互依存的世界承担起责任，为获得发展机会做好准备。它是属于志愿者性质的中学生国际文化交流项目，其目的是通过开展中学生国际文化交流活动，增进各国人民的相互了解，促进不同文化相互沟通，拓宽学生的国际视野，培养学生的跨文化素养，促进学生情感、人生态度、价值观水平的提升。

南外仙林分校自 2006 年开展"学生使者"项目至今，共派出百余名"学生使者"。学校在宣传、选拔、推荐、行前培训会、交流期间、返校衔接、留学申请方面进行全方位指导以及过程性跟踪管理。"学生使者"项目使每个参与的学生都快速提高了外语水平和外文思维能力,体验了国外教育,加快了自我成长,提高了自主自立能力,学会了与人沟通协作,成为为国际文化交流事业做贡献的"学生使者"。同时每个参与的学生也都获得了各自不可复制的人生经历,有的学生在美国的选课体系和授课模式中,大大提高了学习兴趣,在学业上取得了长足的进步,并逐渐找到了未来职业大方向;有的学生积极参与校园社团和体育运动,不仅强健了身体,也锻炼了能力;有的学生在接待家庭里学会了沟通和理解、忍让和助人,个性历练得更加独立和成熟;还有的学生在中西文化的差异中寻大同,在学校开设中国文化课程,设立"中国主题日",教美国人唱中国国歌等,通过自身的努力,实践着作为"中国文化小使者"的使命,向美国人传递来自中国的古老文化,架起了国际交流和友谊的桥梁。

交流生介绍中国传统的餐饮文化及茶艺表演

异国丰富多彩的校园生活

附:"学生使者"交流感悟

在这四个多月的交流时间里,给我感触最深的就是这里丰富多彩的校园生活。虽然很早就听说过美国校园生活与中国有很大的不同,等自己真正经历了之后,才发现,每一天都是那么的忙碌,那么的充实,那么的精彩。

我所在的学校是公立学校,学校面积很大并且设施齐全:有橄榄球场、足球场、棒球场、室内的篮球场、健身房、排球场等,还有巨大的学生停车场。学校的活动也很多,几乎每天都有精彩的活动:橄榄球赛、篮球赛、assembly、学生乐队表演、演唱会、舞蹈表演、著名的作家演讲……

他乡艺术交流活动

学校的课程设置很人性化,虽然可供选择的课程有 50 多门,但每个学生每学期只能选择 4 门课,不允许多修。每节课 90 分钟,每天上 4 节课,下午 3 点不到就放学了。说实话,这里的功课压力并没有国内那么繁重,除了 AP 微积分每天都有大量的练习外,其他功课还算比较轻松的。但一些"另类"作业也会让我忙得焦头烂额,比如:有一次老师要求完成 3 000 字英文科幻小说,让我这个没有任何文学细胞的人头痛了一把,记得当时写一句话甚至要查四五个单词,花了我 n 多时间和心血。不过不管是什么作业,每天我都非常认真地对待。我想可能正是因为我这种认真的态度,在本学期结束,终获得学校"Outstanding Achievement"的荣誉。当我上台领奖时,心情别提有多激动了,真的是"一分耕耘一分收获"啊!

这里的课程内容与国内有很大的不同,这里更注重的是学生各种能力的培养,尤其是实际操作和应用能力。比如商业课,老师会让我们制作各种各样的海报,模拟商品推销,让学生分析不同国家商业的特点并演讲,模拟经营等等。

读万卷书,行万里路——修学旅行

随着全球经济一体化步伐的加快,社会对国际化人才的需求日益增多,各国教育机构都非常重视学生国际视野、跨文化交际能力和国际竞争力的培养。

"海外修学旅行"是指学生在校学习期间,为了配合教学而开展的以丰富知识、增长见闻、扩大视野、培养素质、增进交流以及学科实践等为目的的一种旅行活动。修学旅行是一种跨文化体验式教育模式,组织机构通常是学校、各类语言培训机构以及各国的教育文化交流中心等,参加者主要是小学四年级以上在校学生,时间一般为两周左右或利用寒(暑)假进行。

作为学校推进国际化进程的一个重要内容,2003年以来,南外仙林分校先后组织了十多批1 500余名学生赴海外修学旅行,为学生们搭建一个短期国际交流平台——体验异域风情,感受多元文化的冲击,拓宽国际视野,提高外语应用能力,提升综合素养。

修学旅行:澳大利亚游学
(悉尼大学)

修学旅行:美国宇航夏令营
(太空营训练毕业典礼)

修学旅行欧洲团(和都柏林市长的合影)

附一:修学旅行主要课程介绍

一、美洲篇

课程一:美国宇航夏令营

美国太空营(Space Camp)成立于1982年,由"火箭之父"沃纳·冯·布劳恩提议,美国国家航空航天局(NASA)下属的美国太空及火箭中心(US Space & Rocket Center)创立。作为美国国家航空航天局所属的最早的宇航基地,太空营拥有世界最大的太空和火箭博物馆,包括美国宇航员训练使用的太空模拟器在内的全部培训设备均拥有美国专利。

太空营项目是美国政府和美国社会公认的一项非常成功的学生课外教育项目。此项目获得美国国家教育委员会学术认可,其标准也是根据美国科学教师协会以及许多国家教育机构的教学标准设立,被美国教师协会评价为"全美最成功的学生课外教育基地"。成立30多年来,已有来自全美50个州,全世界70多个国家100多万名学生参加了太空营培训。

太空营于2000年进入中国(北京、上海),2005年进入南京,至今已成功开展10年。开展至今,本市已有多所知名中小学校组团参加。其独特而有意义的活动内容、周到细致的旅程安排、完善的安全保障措施赢得了学生、家长和学校的信赖与好评。

夏令营活动为期16天,通过参加美国太空营学习航空航天知识和体验太空模拟训练,让学生们了解宇航、感受宇航,激发对高科技的兴趣和热情,锻炼团队协作能力、领导才能和创新思维;通过亲历世界顶尖学府,让学生亲身感受美国名校的高等教育;通过游历波士顿、纽约、费城、华盛顿、洛杉矶、圣地亚哥等美国大城市,让学生实地体验并了解美国的历史与文化。

课程二:美国克莱姆森大学国际高中生"暑期学者项目"

位于美国南卡罗莱纳州的克莱姆森大学每年暑期为世界各国高中生主办多期为期一周的"暑期学者项目"。世界各国中学生与优秀的美国中学生一起在著名美国大学上课、试验、活动、社交,亲身体验美国大学生活的方方面面。

由于得到来自中国的多方询问,克莱姆森大学决定2015"暑期学者项目"向中国高中生开放,并在第6期(7月19号到25号)为中国学生保留20个位置。

克莱姆森大学今年在全美公立大学排名第二十,曾被美国《时代周刊》列为全美性价比最高的四所公立大学之一。

"暑期学者项目"的具体细节:

(1)一周一期,每期开设4—5门不同课程。同时项目会安排其他文体、娱乐、社交活动,让学生体验美国大学生活的方方面面。

(2)项目专门为高中生设计。虽然每门课都涉及该领域最顶尖的技术、知识和设备,但并不要求学生具备该专业的相关知识。课程设计完全适合高中生的水准,由浅入深,循序渐进,目的是激发中学生的兴趣,引导其入门。

(3)根据中国学生的语言能力,他们可能被分散到不同的班里,与来自全美各地的美国学生一起学习和生活;也可能集中在一个班学习,课外活动时与美国学生在一起。

(4)为中国学生开放的第 6 期开四门课:第一门,电子显微镜下的材料工程(Materials Engineering Through the Electron Microscope);第二门,分子生物学(Molecular Biology);第三门,土木工程(Civil Engineering);第四门,声学工程及音乐制作(Audio Engineering and Music Production)。如果中国学生对课程有特别要求,学校可根据情况做安排。

二、大洋洲篇
澳大利亚短期修学旅行

丰富行程:跨越三大州,饱览墨尔本、布里斯本、黄金海岸、悉尼、堪培拉 5 大城市风光;

维州修学:维多利亚州素有"花园之州"美誉,又称"澳洲缩影",其首府墨尔本,不仅环境优美,文化教育更位居澳大利亚前列。墨尔本有多家闻名遐迩的大学,其中墨尔本大学、莫纳什大学和墨尔本皇家理工大学最为著名。

插班交流:与澳大利亚孩子一起插班学习,全真体验澳大利亚校园文化和教育模式;用丰富实用的修学课程,提高孩子们的学习兴趣,让他们学得主动,玩得高兴!

友好家庭:修学期间入住当地寄宿家庭,开始一段独立的生活,学会与人相处,提高自理能力。

三、欧洲篇
课程一:爱尔兰欧洲文化体验课程

都柏林营地:营地位于爱尔兰首都都柏林九区,距市中心十几分钟车程。教室位于充满19世纪典雅风情的建筑中,教室里设备先进,校舍周边环境舒适,风景优美,治安良好。营地同时也接纳其他国家的英语学生团队,同学们有机会结交其他国家的朋友,营地本身也创造出有趣的、多国的语言环境。

淳朴安静的学习环境:爱尔兰是一个非常适合学习英语的地方,这里以居民人口受教育程度高而著称,当地人的英语发音清楚并且易于理解。爱尔兰曾多次被著名的旅游指南出版商——孤独星球(Lonely Planet)评为"世界上最友好的国家",著名刊物《经济学人》(The Economist)也多次评选爱尔兰为"世界生活质量最高的国家"之一。

专业课程、优秀师资:负责接待的语言学校是爱尔兰教育部认可,经由爱尔兰旅游局推荐、爱尔兰为数不多的得到欧洲语言服务质量协会(EAQUALS)官方认证的语言学校之一,同时也是爱尔兰语言学校联盟(MEI)成员,有着25年的丰富办学经验,教学质量有充分的保障。修学旅行课程针对中国青少年设计,通过营造有趣创新的教学环境来在短期内重点帮助学生提高英语的听说能力及纠正英语发音,课程内容以爱尔兰的文化、历史和地理情况为重点。

热情友好的寄宿家庭:学生在都柏林营地学习期间会住宿在当地寄宿家庭,这些家庭都经由营地学校及当地有关部门审核,具有多次接待外国学生的经验,热情友好。

饱览四国经典文化:课程涉及爱尔兰、奥地利、德国和法国的著名景点,从爱尔兰歌舞剧《大河之舞》,到奥地利维也纳金色大厅,到德国菲森天鹅城堡,再到法国巴黎卢浮宫,学生们可以在不同的城市中感受经典欧洲文化的交汇和碰撞;沉浸在丰富多彩的移动课堂,在行进中阅尽城市历史与现代的人文交错。

课程二:英国文化精华修学课程

伦敦 E 营地:坐落于英国首都及经济文化中心——伦敦的三区,是一座有百年历史的私立名校。这里环境幽雅,交通方便,非常适合学习,校园中充满轻松愉悦却又严谨认真的学习气氛。在这样的校园上课,同学们可以真正体会到传统英国私立学校的校园生活。该营地于2006年启用后,广受好评。

英国本土住家体验:营地学习期间,学生住宿在当地寄宿家庭,体验国际大都会伦敦的现代多元文化,深入体验英国普通家庭的日常生活。住家均由营地学校严格挑选,大多具有多年接待江苏学生的经验。

定制专属课程:实行小班化外教教学,保证学生受到外教老师充分的关注并享有高质量的课堂交流机会。为中国学生配备专属课本和书包,量身打造国际游学英国系列课程,帮助学生从多个角度与方面认知原汁原味的英国。

浸入式英语学习氛围:课程还精心组织了丰富多彩的活动,为同学们提供与国际学生互动的机会,帮助同学们在国际舞台上展示自己并结交国际小伙伴。

感受全景实地课程:为帮助同学们更加深入地了解英国悠久的历史文化及充满活力的现代化风貌,课程在营地学习之外,还精心设计了丰富的实地考察课程项目。项目涵盖英国享誉世界的大学城、大教堂、历史名人家族庄园、皇家城堡、自然景观国家公园,还有同学们为之疯狂的哈利波特影城等,帮助同学们充分利用这两周的时间,走出校园,认识英国,融入英国,对英国进行全方位深入了解。

四、亚洲篇

新加坡深度文化体验课程

新加坡学习营地:营地不但经新加坡教育部批准办学,而且取得了中国驻新加坡大使馆的资格认证、素质级私校认证(SQC-PEO)、ISO9001质量认证、CaseTrust认证和英国 ASIC"特优级学院"认证等。

英语特训：通过系统化、持续性的英语课程教育，提高学生的英语口语能力；开放性的教学环境与生动有趣的教学方式，激发学生对英语学习的兴趣。在国际学校与外国学生的交流，创造了一个英语对话的环境的同时，又提供了结交国际朋友的机会。

多元文化：在英语课程间隙，了解新加坡的文化与历史，吸收这个多种文化聚集的城市的先进理念，对培养学生良好的世界观与价值观有很好的教育作用。

自然保护：访问新加坡飞禽公园、双溪布洛湿地保护区，学习当地先进的动植物保护思想，宣传人与环境和谐共存的理念。

名校探访：通过对新加坡知名学府的参观，感受世界知名的高等学府的学习氛围，激发同学们对高等教育的向往。

多彩影视：畅游新加坡著名的环球影城，让同学们学习之余能够在这个超级乐园里享受、畅玩。

附二：2013年海外修学旅行感悟

美国初体验

原六(6)班　李昱勋

在小学时，我心中就有一个梦想：希望有一天，能踏上美国。各种美剧和美国电影让我渐渐对远方的那个神秘的国度产生了向往。我希望早日踏上那片令我向往的土地，去欣赏那特有的风景，感受那独特的文化和那令我陶醉的美式英语。终于，在2013年7月6日，我跟随学校，踏上了这令我向往已久的国家，开始了16天的旅游和学习。

在这16天里，我去了纽约、波士顿、费城、华盛顿、圣地亚哥和洛杉矶，参观了各色各样的旅游景点，中间我们还来到了太空营。可我最喜欢的地方还是洛杉矶和波士顿。

学习殿堂

在波士顿，我们参观了3所名校，分别是：耶鲁大学、哈佛大学和麻省理工学院。这三所大学虽然校名不同、环境不同、建筑不同，但都有着浓浓的学习氛围。我们刚走进学校，就能发现学生们有的三三两两地坐在草地上互相探讨着各自的学习经验；有的则在餐厅里一边吃着饭一边看着书；还有的就和朋友一边在树下避暑一边讨论着自己对生活的看法。

一路走着看着，不知不觉我们就走进了由藏有众多图书的22座图书馆组成的图书馆群。而这些图书馆中最著名的非耶鲁大学图书馆莫属了，它坐落于22座建筑物中，是美国规模第一世界规模第二的大学图书馆，拥有藏书1 100万册。这个图书馆不仅是学生们读书的天堂，还是建筑史上的一个奇迹。这个图书馆外面全是用半透明的大理石拼接而成的，并且看不到一扇窗户。之所以没有窗户，是因为在阳光充足的时候，这种大理石墙能透出斑驳的光影。这栋大楼正面的水平线像要把我带进一个充满欢乐和惊讶的迷宫。

我们有幸走了进去,才走进大门我就闻到了那浓浓的书香。而这座图书馆最主要的装饰物就是书籍本身。书库是外露的,共分六层,每层有七个书架,所有的书一律书脊朝外,环绕着大厅中央。室内的灯光经条纹大理石的映衬,显得色彩丰富绚丽。馆长办公室位于陷入地下的庭院里,由诺古奇创作的抽象派风景有白色大理石雕塑加以点缀。这就是耶鲁大学图书馆。

科技海洋

在坐了两个小时的车后,我们就来到了汉斯维尔的太空宇航夏令营。刚进门我就看到了一个巨大的航天飞机模型,在它的旁边是一个卫星模型,再旁边呢就是一个又一个的火箭模型,我们这一行人不禁发出惊讶的赞叹。

在这三天的训练中,我们参加了许多有趣的活动:火星登陆、月球漫步、机舱逃生、飞机大战、发射火箭、360°旋转椅、跳楼机、离心机……可我觉得最好玩、最刺激的项目非离心机莫属了。这是一个像陀螺一样的东西,进去后靠边一圈都有安全带,坐在那里系上安全带就行了。门关上了,开始转了,尽管它转得很快,但我们在里面什么都看不见,所以根本就不觉得晕,只是觉得我们这边低下去了,对面那边高,然后想抬起手来十分困难,感觉有一股力在阻止自己,身子靠在座位上,根本动不了,把前半身抬起来就会倒在座位上,最后教官告诉我们这种力叫离心力。下来之后我虽然不感觉晕,但却感觉十分累,又感觉十分好玩和刺激。

在太空营的最后一天,我们举行了毕业典礼。我们先举行了发奖仪式,每个组都有对应的奖项,我们组是制作并发射火箭最优秀的组,可能因为我们制作时的那份认真和热情吧。宇航员为我们颁发了证书、奖章和集体照的照片,并和我们依次握了手。本届的最佳学员虽然不在我们组,但我们仍然为我们组是所有组中最优秀的组而自豪。毕业典礼结束后,我们大家都依依不舍地离开了太空营。

娱乐天堂

洛杉矶是一个娱乐之城,我来洛杉矶的目的就是来好莱坞的环球影城。环球影城是世界上最大的以电影及电视制作为题材的主题公园,是一个把好莱坞大片和游玩娱乐相融合的世界。其中的每一个项目,都是一部大片的延伸。为了能尽量多玩些项目,我们早早来到了环球影城。在导游的带领下,我们先来到了未来水世界,演出还没开始,几个演员就开始与观众互动,往观众席上泼水。故事大概讲了女主角在汪洋之中发现了两块陆地,想登陆这两块土地,可是海盗王想独占这两块陆地,于是他们之间发生了激烈的冲突。一些特技演员带着枪、炮、快艇、烟幕弹,甚至飞机上场,从头至尾在一个大水塘上你追我打、杀得不可开交。与电影几乎如出一辙的布景,相当逼真的爆破场面,真的很令人震撼。而且真的让人感觉到演员们的投入、敬业精神。随后我们来到更加刺激的项目——侏罗纪公园,排了一个多小时的队,终于坐上了激流勇进,小船穿梭在遍布"恐龙"的丛林中,最后从一个高楼上俯冲下来,我自愿担当"炮灰",坐了第一排的最左边,所以身上的衣服全都被溅湿了。但我们每个人都感觉特别刺激,仿佛身临其境。最后我们在排了很长时间的队后顺利地搭乘游览车,亲身到了电影拍摄现场,《大白鲨》《侏罗纪公园》《大地震》等地点,真是惊险又刺激。这一天,我们玩了4个项目,现在想起来还是回味无穷。

这十六天虽然很快就过去了,但是美国东部著名的大学和各种各样的建筑,中部的太空营特别的体验,西部惊险刺激的娱乐项目……这些却深深地印在了我的心中!

Travel abroad
原初二(13)班　何苏怡

Travel around the world is a fantastic thing. This summer holiday, I was glad to have a chance to learn more about the world. The trip has been a really unforgettable experience for me.

Before the trip, I was looking forward to going to Ireland. In my mind, Ireland is a harmonious country, France is a romantic country and Austria is a country which is rich in art.

During the trip, I learned a lot. Ireland is a really awesome place. People are very kind and friendly there. Although we often lost our way, they always told us the way patiently. In Ireland, we also experienced the life on the farm. It's really interesting! A week later, we flew to Vienna. Vienna is also one of my favorite cities. It is the city of music. So many famous musicians lived there. It is a place that pervades the flavor of art. I was so proud of visiting the fantastic place. Of course, France is the same as what I thought. It is very romantic. The Eiffel Tower is so high, Notre Dame de Paris is so decorous, Palais de Versailles is so luxurious … All of these will be a nice memory for me!

In fact, the trip has not only fed my sight on the world, but also brought me much memory and experience. I believe I will remember the trip forever!

欧洲之旅
原初二(3)班　尤艺

七月下旬,我们跟随学校开始了长达15天的欧洲深度旅行。在这半个月的时间中,我们用心灵去体验欧洲的历史文化和风土人情,都大有所感。

寄宿家庭(爱尔兰)

到达爱尔兰首都都柏林的当天,我们便从机场乘坐大巴车来到了接下来一周时间上课的学校——斯旺学院,再由寄宿家庭分别接回家中。

我与吴康仪被分配到了同一寄宿家庭,是家庭的女主人Yvonne开车带着两个女儿来学校接我们的。两个可爱的洋娃娃一个六岁一个四岁,对我们都十分的大方热情。大一些的叫Laruen,一头卷曲的橘红色头发,看上去很漂亮,Yvonne说这种头发的颜色叫strawberry red。之后的几天中,每当放学回家,我们都会陪着两个小女孩踢足球、打网球。我们还教会了她们打排球,和她们一起玩iPad,我们相处得十分融洽,以致在我们将要离开的时候,懂事一点的Laruen已经忍不住流眼泪了。

Yvonne一家人对我们非常关照。通过这一家人,我也能深刻感受到爱尔兰人的友好好客。在离别之时我们也互相留下了联系方式,希望以后能够通过网络继续保持这段跨国的友谊。

斯旺学院(爱尔兰)

入住寄宿家庭的第二天,我与吴康仪便依照Yvonne所指的路线步行来到了学校。我们的学校斯旺学院在都柏林乃至爱尔兰都十分有名,它已经有着不短的历史了,据说爱尔兰所有的中小学教师都是从这里培养出来的。

斯旺学院并不是非常大,但却十分干净整洁,也很温馨。在我们的班级中,还有来自西班牙、俄罗斯、中东的其他学生。我们总是把椅子围成一个面向讲台的半圆形听课。半圆形的弧度之内是一片空地,也是老师时不时开展课堂活动的区域。我们的课堂很轻松,唱唱歌曲跳跳舞,顺便偶尔和老师开些小玩笑。没有人发言需要举手,课堂却异常有秩序。

我们中国学生刚开始很安静,这可归功于西班牙学生们那令人难懂的夹杂着浓重口音的英语了,听不明白,于是都不敢轻易开口。大家在课后还开着玩笑:"远离西班牙人!西班牙人的英语太难懂了!"不过随着时间的磨合,我们之间的交流也逐渐变得顺畅、热络了许多,关系也密切了不少。

还有一点令我记忆深刻的便是学校的食堂。食堂并不是我心中想象的一排排八人相对而坐的长方形铁桌子,而是有沙发,有小圆桌,有吧台,有两人座和四人座的木质桌椅……食堂里配备了无线网、自动售货机、音响等各类设施,给整个餐厅营造出一种休闲轻松的氛围。

美泉宫(奥地利)

结束了长达一周的爱尔兰修学之旅,我们乘飞机来到了奥地利的首都维也纳。在这里,我终于亲眼见到了期盼已久的美泉宫。因为痴迷于影片《茜茜公主》,我对影片的拍摄地点——美泉宫也一直充满了向往。当身处六十多年前《茜茜公主》的拍摄地时，尽管游人众多，却毫不影响这里带给我的置身于电影中的感觉。只可惜时间仓促，我们没能有幸参观宫殿内部。如果还有机会来维也纳，我一定要回来，完成参观整个宫殿的愿望。

街头艺人（奥地利）

在奥地利各个景点参观浏览期间，我时不时会看见街头艺人。他们给自己穿上奇特的复古衣饰，全身涂满或金或银的一色颜料，在街头摆出高难度的姿势，一动不动，就像一座座惟妙惟肖的雕像一般，甚是吸引人眼球。

刚刚接触到这种新鲜的行为艺术时，大家都像"刘姥姥进大观园"似的，满眼新奇。围着艺人这儿瞅瞅，那儿瞧瞧，甚至有个胆大的同学竟从背后偷偷将人家的衣服给掀了起来（这绝对不是什么礼貌的行为，但也能充分体现出了我们当时到底是有多好奇了）。

当你觉得某位艺人的"雕塑表演"实在是精彩，或是想与艺人合影的话，只需要在他（她）面前的小桶中投入一些钱币即可，这倒与国内没什么区别。但不同的是，国内的街头艺人大多展现给人们的是生活的压迫。他们衣着褴褛并且双目浑浊无神，好不凄惨。而我在这里所见的街头艺人们，包括爱尔兰繁华大街上那些弹着手风琴吹着萨克斯的人，他们展现的是一种享受事业，积极向上的精神。光凭这点就足以让我用无比尊敬的目光去看待他们了。

除此之外，我也惊叹于奥地利街头艺人发达的想象力和丰富的灵感。

卢浮宫（法国）

在经历了漫长的排队之后，我们进入了举世闻名的卢浮宫博物馆。在那里，我见到了《蒙娜丽莎》与《米罗的维纳斯》的真品。在这两大稀世珍宝前，毋庸置疑是簇拥着大批的参观者。我与同组的同学发扬了誓不罢休的"小强精神"，在费尽九牛二虎之力后终于抢到了一处绝佳的地理位置，因而十分幸运地拍下了两件绝世之作。

在寻找到了卢浮宫三宝中的两宝后，我们转移"战略目标"开始搜寻电视荧屏中时常出现的埃及木乃伊。认路的障碍阻止不了对木乃伊狂热的追求，我兴致勃勃地拖着早已精疲力竭的同学穿梭在庞大的博物馆中四处探索。

在途中，我们路过并参观了一个特殊的展厅。当见到展台上熟悉的青花瓷器皿时，我不禁陷入历史的沉思之中。我不能武断地去判定这些瓷器是如何被从中国带到了法国的，却还是情不自禁地回想起了数百年前英法联军攻入中国的那段屈辱历史。玻璃罩下的每一件瓷器背后都有一段坎坷的故事。有些瓷器已经碎裂，不再完整，这究竟只是碎裂的工艺品还是暗示着破碎的国家，我不知道，也不再探究。也许时间久了，这些久远的记忆也就渐渐淡出了人们的视线，被人遗忘。人们所见所叹的，不过是外表依旧美丽精致的瓷器罢了。

其实，有些事情无须再提，却也必须记住……

离开了瓷器的展馆，又是经历了一波三折，我们终于找到了藏匿在地下的埃及馆。一行人如饿狼般冲进馆内，末了却只在这个只有三四个教室大小的展厅中找到了几口小棺材和一具裹得像粽子一样的女性木乃伊，不由为没能找到传说中的法老王而大失所望——和电影里的画面完全不一样嘛！

不过，即使如此，我们此次在卢浮宫中也是有着不小的收益，也算得上是满载而归啦。

半个月的时间不知不觉中过去，我们的旅程也随之结束。我们从中收获太多，领悟太多，难以抹除的美好记忆也太多……多得写不完也说不完。欢快的旅程中我们懂得了团队合作，懂得了互相照顾，也更深入地理解了何为独立、如何独立。

千里之行，始于足下——小学春游远足

当冰雪消融春暖花开，大地渐渐苏醒草长莺飞，孩子们一队队迎着清风与朝阳，行走在春游远足的路上。六个年级六个地方，一路欢笑，一路歌唱，带着理想，畅游城乡。这就是南外仙林分校小学生每年春游远足的阳光写照。

为什么南外仙林分校要规定学生在春游时进行一定距离的行走？师生们看到，普通意义的春游，也就是带着学生到一些景点参观游玩，虽然学生很开心，但不能对学生起到锻炼意志的作用。因此，学校规定学生春游时必须进行一定距离的行走。具体的里程数为低年段3公里，中年段4公里，高年段5公里。

远足时，学生携带哪些物品？学校规定，每个学生在远足时可以背一个书包，里面装有午餐、两瓶水、一个水果、垃圾袋、餐巾纸，可以戴遮阳帽但不能打遮阳伞。为了学生的安全，也为了给学生树立榜样，学校规定教师带学生远足时，也不能打伞，须和学生一道行走。学校还规定，教师和学生都不允许在行走过程中拖着拉杆箱，必须背着书包走。

每年学生按照年级的不同，行走的线路也不尽相同。通过几年的考察和实践，学校规定了六条线路。分别是一年级到雨花台，二年级到玄武湖，三年级到紫金山天文台，四年级到绿博园，五年级到幕燕滨江大道（或明城墙），六年级到中山陵等地。新生从进入一年级直至小学毕业，六年共到六个地方远足，因此称为"六行"。通过六年的六次远足，学生基本走遍了南京

的东西南北中,既游玩了名胜古迹,饱览了家乡的自然与人文景观,又锻炼了身体、磨练了意志品质,同时还增加了师生情、同窗情,让春游这样的活动更有意义。

　　远足跟理想教育有什么联系？理想教育是南外仙林分校的三项中心工作之一,因此春游远足也少不了理想教育的元素。如 2011 年的春天,小学部制订的远足主题就是"放飞理想,磨练意志",并为每个年级制作了一条横幅。如六年级的横幅上就写着"行军钟山,放飞理想"。当孩子们最后走到目的地时,每个人用记号笔在横幅上签下自己的名字,那一刻理想的种子已经深深埋进了孩子的心中。

　　春游是不是只远足不游玩？在学生完成了规定的里程数后,学校为每个年级安排了不同项目的娱乐活动。活动也是根据远足的线路就近设计,如玄武湖内的儿童游乐场、紫金山天文台下的白马公园、中山陵的桥世界等等。同学们可以在这些场所尽情玩耍,享受属于他们的天真与快乐！

春游远足 1

春游远足 2

春游远足 3

野外团队训练

合影

让春光染绿双脚——中学春游远足

学校中学部每年都开展春游活动。春游主要是每位学生徒步行走20多公里,在每次行走之前中学部都要确定一个活动主题,比如:2006年春游远足的主题是"游秦淮、览河西,喜看城市变化";2009年春游远足的主题是"勿忘历史 缅怀先烈 珍惜现在 继往开来";2010年春游远足的主题是"游览生态农业风光带,体验农村新变化";2011年春游远足的主题是"迎青奥、登紫金、绿色环保"。春游远足是学生集体活动,人数较多,一般设计的路线要求安全宽敞,便于行走。活动目的是锻炼身体、磨练意志,培养学生吃苦耐劳精神。同时倡导在远足过程中同学们要团结互助、爱护环境,做文明守纪的中学生。

附：春游远足活动方案（2011 年）

活动主题

"迎青奥、登紫金、绿色环保"

活动路线

从樱驼村上山经山北防火道、山顶、中马腰、东马腰、马群东入口下山,沿着仙林大道至学校,全程约 21 公里。

活动对象

初一、初二、高一、高二年级全体师生。

活动时间及安排

2011 年 4 月 2 日全天,初一年级 7:40 乘车出发,初二年级 8:00 乘车出发,高一、高二年级 8:30 乘车出发。

友情提醒

全体同学晨练停上,7:00—7:20 就餐,初一年级 7:40 出发;初二年级 7:20—7:50 开班会,8:00 出发;高一、高二年级上课一节,8:30 出发。

领导小组

组长：张玉东

组员：张爱民　王海韻　张国其　杨社伟　徐敏标　郝筱雯　苏刚　李德福

活动要求

（一）教师方面

1. 年级组长为本年级安全负责人,班主任为本班级安全负责人。

2. 各班级教育小组成员需全程参与远足活动,不得无故请假,如确需请假,要征得学部领导批准。

3. 班教小组成员要对学生进行安全教育和环保教育,增强学生安全防范意识和环保文明意识。

4. 各班要有专人负责沿途垃圾的清理,做到队伍走过不留垃圾。

5. 学生三次点名制度：班教小组成员在远足活动中坚持三次点名：①乘车出校门；②紫金山顶处；③走回校园北门。

（二）学生方面

1. 远足活动中不能随意乱扔杂物,保持环境卫生。

2. 统一穿校服,尊重和服从工作人员的指导和安排。

3. 举止文明,不许哄闹,特别是登山时学生按教师要求自觉排队,有序登山。安全第一。

4. 活动要有始有终,不能擅自离开,特殊情况,要向班主任请假。
5. 要服从教师组织安排,集合要准时,不得拖拉。
6. 要文明乘车,行车途中不准把头、手伸出窗外,不得在车内哄闹。
7. 自身携带的物品要保管好,同时要爱惜游山景点的公共设施。
8. 要处处提高安全意识,对使用方法不明的设施、器械要先了解性能和安全事项,确保使用安全。

中学部教导处
2011 年 3 月 25 日

亲近自然,体验社会——秋季主题实践活动

每年的秋游活动也都是学生们非常期盼的活动。绝大多数学校都是选择风景优美的名胜古迹,带领学生参观游玩,放松心情,愉悦身心。南外仙林分校秋游实践可不是一般意义上的游玩,而是确定主题的社会实践活动,学生走进自然,走进社会、了解社会,并适当地参与、动手实践。学校将之概括为"主题实践、亲身体验、形成系列;秋季郊游、亲近自然、接触社会"六个关键词。

1. 一年级:果壳里职业体验

果壳里儿童职业体验中心,近 5 000 平方米的场馆,均模拟现实社会以 2∶3 比例缩微建造。这里有太空总署、警察局、消防局、医院、银行、邮局等社会职能部门,还设置了蛋糕店、汉堡店、面点店、甜品店等,让孩子可以亲手参与制作。孩子们了解了大人们的部分职业,增长了见识;同时体验到了他们工作的辛苦,对不同职业有了一个初步的印象。

2. 二年级:上元门水厂

水厂的工作人员热情地接待了孩子们,每到一处都安排专业的技术人员讲解。孩子们也带着一个个疑问,认真地参观听讲,并争着举手提问。首先工作人员把我们领到高高的站台上,让我们一眼就望见浩瀚的长江,并告诉我们长江之水滚滚流进 4 个很粗的管道,便是自来水的原水了。原水呈混浊的黄色,杂质甚多。接着大家就来到了沉淀池,这里被划分为多个小格,每隔 48 小时沉淀池会被自动清理。沉淀过的水进入滤池,此时的水清澈明净。经过过滤的水进入清水库加氯消毒。最后大家来到了泵房,一进去就听到了震耳欲聋的机器声,池子里有两大两小的加压泵。通过加压,就可以把水提供给千家万户使用了。孩子们通过这次参观自来水厂,不仅知

道了平时喝的纯净的自来水要经过多少道工艺程序才能得来,更体会到这一滴滴纯净的自来水,凝结了工作人员多少的心血,它是多么可贵,所以,要节约用水,珍惜水!

3. 三年级:海企服装有限公司

海企服装有限公司成立于1996年,是一家大中型规模的出口服装生产基地。进入车间,同学们排着整齐的队伍,手拉着手有序地参观了制版、裁剪、缝纫、熨烫、检验、包装车间。同学们一边仔细听,一边认真看,在工人师傅的耐心讲解下,同学们终于知道,一件衣服是需要通过六个环节的流水作业才能生产制作出来的。在这里,同学们揭开了服装加工的奥秘。这次秋游活动不仅让同学们感受到工人们不辞辛苦的劳动、兢兢业业的工作精神,同时还让他们在轻松愉悦的氛围中开阔了视野,增长了知识,促进了友谊,丰富了课余生活,在金秋收获的季节里放飞了心情。

4. 四年级:南京科技馆

一走进南京市科技馆,同学们的好奇心便油然而生,东看看,西瞧瞧,对馆内的一切感到新奇。"踩地鼠""虎口脱险""有声有色""生化武器"……孩子们兴趣盎然。瞧,那位正在"踩地鼠"的孩子,等到"地鼠""钻"进地洞了才反应过来,一脚踩了个空,逗得大家哈哈大笑。在"地震体验区",孩子们体验着地动山摇,感受到大自然的神秘莫测。同学们暗暗下定决心:一定要学好本领,用科学为人类打造一个安全祥和的家园!

5. 五年级:南京蔬菜科技园

南京蔬菜科技园内,宽广的场地、大大的温室、一片片田地吸引着同学们。玉米地里,同学们在老师组织下,兴致勃勃地采摘水果玉米,品尝水果玉米的香甜。红薯地里,同学们观察红薯蔓儿的特点,研究哪棵红薯的果实多、个头大,兴趣盎然地挖红薯。在蔬菜科技园的大温室里,孩子们一一参观各种蔬菜、花卉的栽培——有管道式栽培、浮板式栽培、柱式栽培等,形式多样,令同学们大开眼界。蔬菜长廊,是由一面面蔬菜墙组成的长廊,墙上的蔬菜绿油油的,整体看起来就像一幅巨大的绿色壁纸。轮式栽培转轮上的植物挨挨挤挤,就像孩子们在风车上享受着阳光沐浴,尽情地玩乐……这里到处都是绿意盎然,五彩鲜花,诱人的果实,这里又是一个春天的乐园,让同学们意犹未尽,流连忘返。这次参观实践活动给了同学们一个很好的接触自然、品味自然的机会,同学们不仅了解了现代农业科技园艺,认识了许多的植物,还感受到了劳动的辛苦、科技的重要。

6. 六年级:大金山国防园

大金山国防园是全国最大的民营国防园和江苏省全民国防教育基地。首先参观国防教育馆,同学们通过馆内的文字介绍,了解了江苏溧水地区各个时期的革命斗争史及老一辈无产阶级革命家的光辉事迹。在展馆外的空地上,还展出了一些我军已退役的战斗武器,如56式122毫米加农炮,T34坦克等,同学们饶有兴趣地爬上了坦克,与这些老式武器来了个近距离接触。同学们最喜欢的是真人CS游戏,一班人马分成两队,彼此打得不亦乐乎。尽兴之后,大家又一起包饺子。你蘸水,我包馅儿,他捏边儿,分工合作,不一会儿就包出了两大盆,煮熟一尝,嗯,真的是异常美味!同学们不仅领略了大自然的美丽风光,感受了游戏的惊险刺激,更收获了团结互助的集体精神。

中学部秋游则以年级为单位组织开展野外活动,由学部开列秋游地点,如雨花台、大屠杀纪念馆、科技中心、博物馆、植物园、阅江楼、明城墙、珍珠泉、将军山、中山陵、栖霞寺等,各年级自选一个地点。要求各年级在活动之前制定秋游安全预案,确保秋游平安顺利。

秋游实践 1

秋游实践 2

秋游实践 3

秋游实践 4

秋游实践5

秋游实践6

我的校园我来管——值周中队

学校在学生行为习惯养成方面花了大力气,刚建校的时候,学校安排部分优秀学生干部进行文明礼仪的检查,但始终收获不大,呈现阶段性、短暂性的特点,难以形成主动性和持久性。从2005年开始,学部决定实行"值周中队"制度,建立以班级为单位参与学校公共事务管理的制度。

学生是学校、班级的主人,值周中队在管好自己班级的基础上,主导学校本周的事务管理。学校管理的自主权交给学生,让学生学会学习、学会管理,做到学习、做事两不误,既长知识又练能力。班主任、教育小组老师传递、反馈学校、班级信息,起协调、参与、合作的作用,管理重点由点转向面上,不再事无巨细。

中队值周内容涉及学校管理的方方面面,如:班级和学校文化建设、安全等知识的学习与宣传、课内外活动的发起、校规校纪的执行与监督、校内公共卫生的管理等。一周一个中队,中队次序不循环,不固定,学校统一安排,事先通知,早做准备,有计划,有组织,持之以恒,既发展学生的应变和临时组织等综合能力,又使其养成良好的行为习惯。学校制定统一的评价体系,以定性评价为主,定量兼用,定期评比。

"值周中队"制度实施以来,老师、同学都非常支持,取得了一定成效,课间,校园内大声喧哗、奔跑追逐的同学少了;路队、"两操"的队伍更整齐,动作更加规范;教室的地面更干净,桌椅摆放更加整齐,很多同学养成了一进教室就自己看书的好习惯;见到老师主动问好的同学越来越多,忘戴红领巾的同学越来越少……值周中队的同学也在值周的过程中得到了锻炼,一个参加过值周中队工作的学生说:"学校试行值周中队制度以来,提高了值周中队同学的自我管理以及管理他人的能力,时时处处能按学校提出的要求去做,并增进了班级集体荣誉感。……看到学校比以往更整洁了,看到同学比以往更讲文明了,我心中有说不出的喜悦,一切辛劳都烟消云散了。"

附:值周中队小结

一周情况概述

上周是我们四(5)中队值周,通过一个星期的忙碌,我们感到很充实,这不仅是因为我们通过检查发现了自身存在的不足,更重要的是让我们发现了本周全校同学们许多的闪光点。在做早操方面,同学们都能在班干部或老师的带领下做到井然有序,尤其是低年段的同学特别有精神。在做眼保健操时,大家都认真地听广播,基本没有睁眼现象。需要提醒的是,这周因下雨有两天没有出操,同学们都是在走廊里活动,有个别同学没有规范游戏,在走廊里奔跑,这在下雨天是很危险的。希望同学们能文明游戏,注意自己与他人的安全。

本周学校开展了卫生专项整顿的活动,在我们全校师生的共同努力下,校内卫生状况已大有改善,乱扔垃圾的现象大大减少了,主动弯腰捡纸屑的同学多了起来。要知道学校是我家,环境靠大家,只有齐心协力,才能还我们一个干净整洁的学习乐园。希望大家能把握现在这个良好的开端,再接再厉。

温馨提示

春季是各种传染病高发季节,希望大家能积极做好个人的卫生防护工作,均衡饮食,让病菌远离我们。

飞扬的红领巾——红领巾社会调查

多年来南外仙林分校坚持利用假期的时间在全校组织开展了别开生面的社会调查实践活动,让学生深入社会,开辟社会实践教育的第二课堂。活动的开展,给学生提供了展现自我的空间,丰富了学生的社会科学知识和人文素养,为培养学生的个性发展和适应社会的能力奠定了基础。学校开展了"红绿灯下的文明调查""行人过天桥、地下通道的文明调查""班级卫生情况的调查""校园环境的调查""校车上的卫生情况调查""小区周围环境的调查""文明就在我身边"等调查活动。同学自己组合成小队,在家长的带领下,用自己的眼睛、自己的笔、自己的心记录下身边社会的种种变化和进步。

《扬子晚报》(2004年6月2日)对此给予了报道,中国新闻网"江苏新闻"栏目(6月7日)转载了题为《短短一个小时车闯红灯百次 红领巾调查透视"堵"因》的文章,刊载了南外仙林分校少先队员的信和部分调查报告,文中称南外仙林分校的学生是一批可爱的少先队员。

在重阳节期间,学校还组织进行了"孝敬父母'六个一'"调查活动,以少先队大队的名义向各个家庭发了调查问卷,让学生体会父母在家劳动的辛劳,了解父母工作的辛苦;请家长填写"感恩父母"情况调查表。少先队大队干部进行了汇总并向全体同学做了报告,发出倡议,号召大家人人孝敬父母,做孝敬的好孩子。

实践活动的开展分为几个阶段:①大队部及班主任讨论拟定方案并设计相关表格;②指导学生分组分内容调查收集相关材料,利用节日进行调查记录,节后由小队合作讨论分析,形成小队的观点;③召开主题班会,由小队进行汇报,班级集体讨论,形成本班的观点;④班主任指导学生撰写一份本班的调查报告;⑤将调查结果在中队活动课上进行反馈,让同学们可以清楚地认识到自己还有哪些方面的不足和哪些不文明的行为需要改进。

通过调查实践活动,学生意识到文明礼仪就在他们平时的一举一动、一言一行中,与我们的生活息息相关;是一个人乃至一个国家文化修养和道德修养的外在表现形式,是做人的基本要求。

通过调查活动,同学们也得到了能力的锻炼,学到了新知识。尤其是遇到困难时,他们能想办法解决,这就为以后他们走向社会,参与社会生活打下基础。在实践中同学们增强了团结协作的集体主义精神,小干部为同学服务的意识得到了培养,组织能力也得到了锻炼,为以后走向社会奠定了基础。

附：短短一个小时车闯红灯百次　红领巾调查透视"堵"因

扬子晚报社的叔叔阿姨们：

　　在快乐"五一"节假日里，我们参加了学校组织的"红领巾考察团红绿灯调查报告"活动，目的是让我们从小参与社会活动，从我做起，做文明小公民。但是，我们在调查中发现，有许许多多大人都不遵守新的《道路交通安全法》，具体表现有闯红灯、走反道、骑车带人等，其中违章最多的是闯红灯，下面是我们在南京一些主要道路路口调查所作的记录：

时间	地点	调查人	闯红灯
5月1日 14:20—15:20	御道街、瑞金路、后标营交叉路口	戎可欣、李想	5车次、10人次
5月3日 9:30—10:00	新街口	廖萌	1车次、29人次
5月6日 17:00—17:30	钟阜路南端交叉路口	沈月蓉	1车次、1人次
5月6日 10:00—10:30	察哈尔路	陈雨溪	5车次、32人次
5月3日 12:30—15:00	大光路、解放路三岔路口	王中榕	2车次、70人次
5月6日 9:20—10:20	丹凤街路口	谢朝帅、徐广宇	0车次、80人次
5月4日 5:30—6:30	某市民广场十字路口	蔡万琦	15车次、14人次
5月2日 16:00—16:30	新模范马路	顾缘、李小萱	0车次、0人次（路口有交警）
5月1日 9:30—10:00	和燕路、十字街路口	聂梦乔、高鹤	5车次、73人次
5月5日 11:15—11:45	中华路与长乐路交叉口	周灵琪	1车次、93人次

南京外国语学校仙林分校部分少先队员

　　由于太多的市民对南京的交通拥堵深有感触，所以本报近日刊出《南京城为何"堵"得慌》系列报道，引起了众多南京读者的关注和共鸣。那么，南京为何会"堵得慌"？有人认为是车辆太多的缘故，有人觉得是道路设施滞后造成的，也有人得出"人为因素"等等结论。在众说纷纭、莫衷一是的时候，本报收到了这篇来自学生的社会调查报告，我们在比较详细的记录中选出10份，这些对社会现实原生态的真实记载，有助于我们正确判断和全面认识这一问题。

　　这里只是部分调查样本。在这批可爱的少先队员提供给本报的全部材料中，虽然调查的时间有的是一小时，有的是半小时，但孩子们看到的闯红灯现象共有120车次和3 265人次之多。而在不少路口，几乎就在机动车和行人闯红灯的同时，"路堵"便产生了。在一些闹市区的路口，行人闯红灯已成为"路堵"的主要原因。

选修课

李凯生书记开设"清蒸鱼"烹饪课程

选修课成果汇报表演

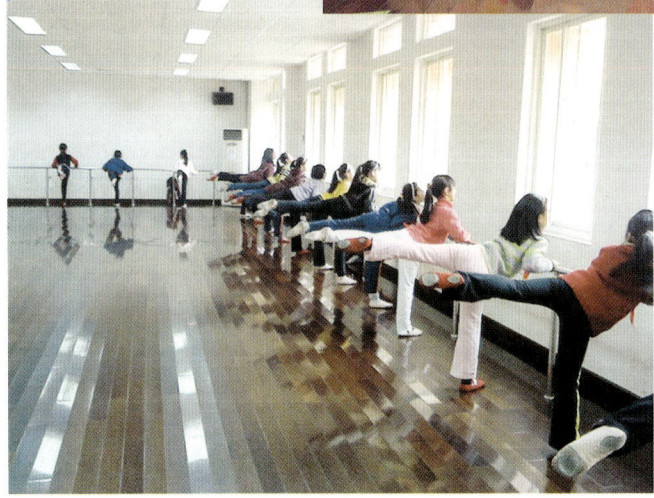

舞蹈选修

选修课

心理研习社在活动中进行的心灵体验活动

书　法

电子技师选修

第五章　选修课

爱因斯坦有句名言:"兴趣是最好的老师。"古人亦云:"知之者不如好之者,好之者不如乐之者。"兴趣对学习有着神奇的内驱力,并能使其达到高效。南外仙林分校自创办以来,始终坚信兴趣是指引孩子成长的忠实伙伴。因此学校开设了近百堂选修课,让孩子们自由选择自己真正感兴趣的课程。姚明告诉人们:"最重要的就是去做你真正想做的事情,跟着兴趣走。"每到选修课开始的时候,全校数千名学生聚集到自己挑选的课堂里,他们的兴趣相互碰撞着、吸引着、包容着。这种多姿多彩的磨合,让他们的兴趣更加浓厚和稳固。

一、小学部选修课一览表

序号	科目
1	甜点制作
2	围棋
3	魔术
4	轮滑
5	空竹
6	乒乓球
7	民乐团
8	拉丁舞
9	芭蕾舞
10	足球
11	趣味儿童画
12	踢踏舞
13	中国象棋

续表

序号	科目
14	国际象棋
15	滑板
16	趣味剪纸
17	水粉画
18	少儿表演唱
19	合唱团
20	电脑绘画
21	小蔬菜园
22	心理游戏
23	奇妙心理学
24	植物研究
25	开心农场
26	软式垒球
27	写生创作
28	陶艺制作
29	水粉画
30	创造发明
31	民族舞
32	啦啦操
33	无线电测向
34	网页制作
35	火箭模型
36	书法、素描
37	少儿创作画
38	陶笛演奏

二、中学部选修课程介绍

从建校伊始至今,南外仙林分校中学部的选修课程从起初的二十几门课发展到现在的四大类别近一百门课程,涵盖了语言、人文科学、自然科学、艺术体育等内容,全体老师积极参与到课程开发与建设中,有一人独自研发,也有备课组集体研制,还有众多外教、大学教师、毕业校友等,也利用自己所长,积极开设选修课。选修课的开发为选修课程建设提供了坚实的基础。

在此基础上,学部又制定了以选修卡为载体的选修课管理制度,要求每生一卡,凭卡登记。将学生的学习过程、学习成绩有效地纳入到管理体系中,既保障了选修课的考核,又保证了学生们的学习效益。

选修课与校园的其他活动一起,为丰富学生的第二课堂、扩大知识视野、激发探索热情起到了重要的作用。比如近来开展较好的"模拟联合国"活动,就是将学生的社团活动与选修课密切联结,以选修课促进活动质量,学生通过活动锻炼能力,在复旦模联、武大模联、哈佛模联、麻省模联等活动中,都有较好表现。街舞是青少年们喜爱的一项体育活动,选修课中的街舞也是历年受学生们热捧的课程,任课老师将选修课的训练与每年的校园艺术节活动相结合,使街舞表演成为最受瞩目的节目,反响热烈。

附:南京外国语学校仙林分校选修课管理条例(暂行)

一、指导思想

以全面推进素质教育为目标导向,充分利用学校资源,满足学生的不同发展需要,促进学生全面健康发展,体现学校的办学特色。选修课与必修课一样纳入学校课程计划,实行规范管理。

二、选修课程的开发

1. 全体教师在完成必修课教学任务的同时,根据学校办学目标和特点,均有开发选修课程的义务,并须编写课程纲要,填报课程开设计划申报表,于学期末上报教学处。对积极参与选修课开发工作的老师,在教师学期考核中将予以体现。

2. 课程开发的基本类型

(1) 语言类：日语、法语、德语、韩语、英语及英语文化。

(2) 社会人文类：与学校生活紧密相关的、具有研究价值的社会生活知识。

(3) 自然科学类：自然科学知识的拓展与提高，兴趣的激发。

(4) 艺体类：艺术体育方面的技能培养与训练。

3. 学校可根据需要聘请校外专家或教师参与选修课程的开发。

4. 学校鼓励教师自编或改编教材或讲义，鼓励教师在教学中不断丰富和完善教材，鼓励教师运用多种形式组织教学。在选修课的开发上有突出表现的教师，学校将给予表彰和奖励。

三、选修课程的实施与管理

教师方面：

1. 经审核同意开设的选修课程，由教务处在前一学期（学年）末通过教研组落实开课任务，并将下学期拟开设的课程目录及课程内容简介向全体学生公布。

2. 开学前两周内组织学生选课，然后由教务处根据选课情况在第三周正式向相关教师下发开课通知并正式开课。原则上初中每门课程应有10人以上、高中应有5人以上的学生选课才准予开课。

3. 接到教务处下发正式开课通知的教师应按要求到指定教室上课，按照教学进度表组织教学。同时填写学生的选修课管理卡，做好学生出勤、课堂表现等方面的记录。

4. 教师学期结束前可进行形式多样的考核，成绩分为优秀、良好、合格、不合格四个等第。考核后成绩填写在选修卡上，报教学处盖章，然后将选修卡交还学生所在班级的班主任。

5. 教师学期结束前对该课程实施情况进行总结，并向教务处上交教案。

6. 教学处加强对选修课程教学过程的检查，并于学期末组织多种形式的考评，并根据考评结果发放课时津贴。另外教师开设选修课程情况记录在教师业务档案中，并作为学校教师评价体系内容之一。

学生方面：

1. 选修课每10个课时折算为2个学分，学生应根据自身发展需要自愿选择课程，两年内修满8个学分方能完成校本课程任务；所选课程不少于两类，每类不少于2个学分。

2. 学生应认真参加学校课程的学习，不得随意缺课，如无故缺席1次或因故缺席3

次，不得参加该课程考核，并按学籍管理的有关规定处理。

3. 选修课成绩不合格者不能参与彩虹综合奖的评选，不能参与学生会干部的竞选。

中学部教学处
2007年1月15日

开启一扇了解大千世界的窗户——儿童电影赏析

一部好的影视作品，往往蕴含着丰富的人文教育的素材，如果能渗透德育教育，最容易感染学生，引起学生的强烈共鸣。学生的情感、意识和良好的品德行为在他们感兴趣和积极参与的影视教育活动中潜移默化地形成，在深化教育中得到巩固和发展，从而使学生身心健康发展，使学生终身受益。影视教育不仅增加了学生的课外知识，还教育学生怎样做人，提高学生对人生、社会的认识和理解，培养学生明辨是非的能力、审美能力和语言表达能力，从而提高学生的人文素养。

为了拓展同学们的视野，提升孩子们的综合能力，南外仙林分校小学部"第二课堂"中开设了"儿童电影赏析"这门课程。

1. 课程开发原则

（1）与学科课程相结合。

电影素材的选择与不同年级的各学科学习相结合。比如在语文学科教学《詹天佑》之前，老师会安排《詹天佑》的电影赏析，从而使同学们对人物形象有一个更深刻的认识。同时，指导老师更多地重视单元主题。语文、科学、品德与社会这些学科常常每个单元会有一个单元主题。比如主题为"爱国"的单元，指导老师就会放一些表现此类主题的作品，如《英雄儿女》《小兵张嘎》《地道战》《举起手来》等。

（2）表现真善美。

儿童有较强的可塑性。主题积极向上、表现普世价值的电影作品，对学生的人生观、价值观的形成有着积极的意义。比如：《飞到火星去》《狮子王》

《小猪麦兜》《白雪公主》《音乐之声》等。

(3) 与理想教育相结合。

课程把电影欣赏与学校三大中心工作之一的理想教育相结合,培养学生的远大理想,坚定其实现理想的信念。指导老师会选择一些励志的电影作品,如《三克的梦想》《隐形的翅膀》《叫我第一名》《宝葫芦的秘密》《我是外星人》等。

儿童电影赏析

2. 课程开展形式

(1) 电影欣赏课。

指导老师会利用电影欣赏课要求学生尽情观看,特别注意自己的独特体会。同时会教给学生如何去欣赏一部电影,比如关注电影表现的主题,电影的情节,人物的性格特点以及电影的表达手法等方面。

(2) 电影点评课。

电影点评课根据不同学生的欣赏水平,鼓励学生从多方面进行点评,如:侧重于人物的评论,对正面角色或者反面角色的评价,对故事中人物的表现或结局的评价;对故事的开端、发展、高潮、结局的评价;还可以是对人物的语言、动作、服装或灯光、音乐、道具等的评价。总之,评价面是多元的,形式可以不拘一格,这样的方式极大地提高了学生的参与兴趣。

(3) 影评写作课。

说到写,这是很多学生头疼的事。学校的影评写作课,却更像是"自由习作"。可以写电影中人物的形象,可以写电影故事,可以写电影情节或人物对自己的影响以及自己的感悟……只要写出来就是好的,"开写有益",不谈文采,不强调篇幅,自由发挥,同学们无任何压力地尽吐心中所感、所悟。学校还建立了影评讨论版,同学们在发帖跟帖中找到了写影评的乐趣。

家事国事天下事,事事关心——经济新闻纵横谈

小学高年级开设的"经济新闻纵横谈"选修课程,旨在培养学生有意识地去关注国家经济、国内外新闻,做个关心大事小事,敢于走向社会的人。

经济新闻纵横谈

课堂由五大块组成,分别是老师授课、学生讲课、沙龙探讨、视频享受、今天我当主播。"老师授课"就是结合当周主题制作好课件,以教师讲为主;"学生讲课"是指根据当周安排提前布置一个小组从资料收集、课件制作、上课、维持秩序几方面精心准备,然后上课,教师点评打分;"沙龙探讨"就是抛出一个具有探讨价值、有深度的新闻或经济观点或问题,组织学生辩论、讨论,教师主持;"视频享受"即播放白岩松或其他经济新闻主持人主持的比较好的节目;"今天我当主播"即要求学生收集近期新闻,分类整理,像主持人一样播报相关报道,然后就这些内容进行竞答。

老师授课主要渗透一些常识性经济知识,如银行业务、证券专业术语了解等,还有一些跟生活比较接近的经济常识。学生讲课、主播以新闻为主,可以是国际、国内的,范围不限,但一定要是近期发生的比较重要的事件。通过调查、收集、整理,学生能力得到了锻炼,同时养成了关注时事的习惯。沙龙探讨的一般是诸如"房产税该不该征?""南京地铁如何规划?"等显性的有讨论价值的问题。这些板块一般都穿插进行,避免审美疲劳,让学生时刻保持新鲜感。

经过一个阶段的实施,师生都有不同程度的成长。老师会情不自禁地关注经济和新闻并思考,常与别人谈论这些话题,对世界、社会的认知和判断更加迅捷和清晰;学生不仅喜欢上了这个课程,而且在一次次的锻炼中训练了口才,对问题的看法也渐渐成熟,特别是不再随便迷信什么,而是有敢于怀疑、质疑的精神,同时小组的合作意识和合作能力还得以提升。有的家长致电说孩子长大了,喜欢看新闻、剪报,有时还跟家长讨论甚至争论;还会看看家里的股票,嚷着要帮忙开户,自己购买物品,精打细算,理财的意识明显增强了……

线条的世界,想象的海洋——美术选修课

线描画是学生喜欢的绘画形式之一,尽管它的世界只有黑白灰,但通过线条的不同组合,可以形成不同的视觉效果,让学生体会到不同的艺术形式,享受拉着线条去旅行的快乐。学生通过线条的疏密、线条的粗细、方向的改变探索黑白世界的有趣和灵动,在不断的创新和组合中,发现了黑白灰的不同层次。即使是相同的表现内容,由于每个学生的关注点不一样,对线条的感悟不一样,学生呈现的作品也是各有千秋,精彩纷呈,让人目不暇接。通过线描画的学习,学生思维更加活跃了,想象力变得更加丰富了,欣赏水平也在不断提升,创新思维正逐步形成。

1. 帮助学生认识各种线条

线条就像不同性格的人,有着不同的外形、不同的风格,不同线条展示

了不同的感觉。曲线给人流动、起伏的联想,直线给人平坦、有力的感觉,折线则表现出蜿蜒中的刚劲,弧线又给人流畅滑动的感觉……粗线条和细线条在学生的眼中,又会有全新的、独特的诠释。

2. 通过欣赏,丰富线条

首先是引导学生欣赏多种线条及不同的组合形式,让学生发现线条任意组合都可以形成不同的效果。其次,是让学生比较线条的密集与疏松,密集的线条紧紧地围在一起,能够形成一个灰色的面,而疏松的线条看起来随意轻盈。最后,是让学生学会表现黑白灰的层次,黑色部分既可以是密集的线条组成的画面,也可以是涂成黑色的块面,灰色部分是一些相对较淡、较细的线条组合成的块面,如用细线条或者松散的线条组合表现的面,而白色就是线描画中的留空,一张画要黑白相间,线条流畅,灵动有趣。

3. 通过评价,提升欣赏与表现能力

每一次作品展示,老师都让学生说说自己今天的新发现、新收获,再说说从别人的画中得到了怎样的创作灵感,这样每一次自评和他评,对学生来说都是一次很好的提高与跨越,而想象力和创新能力正是在这一次次的锻炼中才一次次地飞跃与发展。

4. 积极参加各种比赛,让学生尽情展示自己

老师组织选修课程的学生参与全国性的和省市级的比赛,如全国中小学生书法绘画比赛、全国"星星河杯"少儿书画大赛,组织学生积极参加学校校庆画展、争取在年级橱窗展览等,大大提升了学生学习的热情,学生在多次的比赛、展示中收获和成长,同时,学习美术的激情更高了、兴趣更浓了。

缤纷的民族之花——民族舞

民族舞是中国的传统舞蹈,它具有朴实无华、形式多样、内容丰富、形象生动等特点,是由劳动人民在长期历史进程中集体创造,不断积累、发展而形成的,并在广大群众中广泛流传的一种舞蹈形式。民族舞和人民的生活

有着最密切的联系,它直接反映着劳动人民的生活和斗争,表现着他们的思想感情、理想和愿望。由于各民族、各地区人民的生活劳动方式、历史文化心态、风俗习惯及自然环境的差异,形成了不同的民族风格和地区特色。世界上各个国家、各个民族都有各自不同风格特色的民族舞蹈。在我国,众多的民族舞蹈种类演绎着中国各族人民的特质与特征,美化着人们的生活。为培养孩子们德、智、体等全面发展,提高学生的综合素质,丰富文艺文化生活,学校开设了民族舞选修课程。

民族舞选修课主要通过教授各种民族舞蹈的体态、基本手位和步法,训练学生身体的协调和律动,培养学生的形体、气质和乐感,达到使学生掌握一定的表演技能,具备欣赏舞蹈美的能力的目的。

本课程主要内容包括:舞蹈基本功训练,形体训练,舞蹈片段传授,大型舞蹈编排,选拔优秀学生参加校内外舞蹈表演、参加各种舞蹈比赛等。民族舞选修课深得学校各年级同学的喜爱,每年同学们都踊跃报名;在选修课上,老师悉心指导,亲自做示范,手把手地教授每个动作,不厌其烦地纠正错误;孩子们认真上课,训练过程中不怕苦不怕累,一遍又一遍地排练。师生编排的多个舞蹈都受到了大家的一致好评,比如《剪纸姑娘》和《茉莉花》等。每逢学校举行重大的文艺活动,全校师生和家长们都能看到舞台上的她们,那一张张可爱的笑脸和优美的舞姿,给校园增添了一道亮丽的风景!

民族舞

探寻科技模型的奥秘——伞降火箭

1. 课程简介

科技模型是青少年十分感兴趣的活动项目,在科技模型的制作过程中,学生从陌生到熟悉,从熟悉到深入了解,从深入了解到不断创新,是一个长期的培养过程。课程要求学生用已积累的知识,自己去探索制作的过程、要点等,特别要摸索重心掌握与飞行平稳的关系,学生们进行一次次试验,尽管结果不尽如人意,但他们乐此不疲,总结出了自己的一套经验。在模型火箭的制作过程中,对照材料,学生们已经开始自发研究探讨,甚至到了"痴迷"的阶段。在一次次成功体验中,从被动到自觉,从自觉到沉入,学生的探究能力得到了不断培养、不断提高。

2. 招生方式

每学期第一周利用科学课进行本门选修课宣传,学生自愿报名,接着从中选择动手能力较强的学生参与。原则上学生以小组为单位,每组2人较为合适。

3. 学生成果与感受

在比赛中师生们硕果累累,曾在江苏省青少年科技模型竞赛中个人一、二、三等奖都有斩获,同时还获得了优秀组织奖。

伞降火箭

有一位四年级的同学这样描述自己体验火箭模型制作和发射的感受："读万卷书,行万里路。只有亲身体验,亲自操作,才能体会其中的乐趣,小火箭的学问可真不小。"

还有一位同学感叹道:"这么小的火箭都让我们费尽周折,真难想象'神舟'号飞船的工作人员们的智慧,他们真是太伟大了!"

"无名花",因为有你而精彩——一支"无名"的舞蹈队

我们的开心,是因为你的开心;我们的快乐,是因为你的快乐。老师,别哭,我们在这里,我们永远是你的"无名花"。

——题记

2005年的9月,学校开设了舞蹈选修课。那时因为刚起步,所以第一届舞蹈队是在"强迫"报名的情况下组建的。从学生的意识、态度、习惯抓起成为首要的关键,在两年的坚持中,舞蹈队不仅从10人增至16人,还彼此结下了深厚的友谊,表演的《碧荷涟涟》《红旗颂》《保卫黄河》都给全校师生留下了美好的记忆。

从2007年9月开始,第一届舞蹈队的学生开始了初三的学习生活,在没有任何事先预备的"老带新"构想中,第二届舞蹈队又是"强迫"组建的。但这批学生很快就进入了角色。带有情境色彩的《乐在书中寻》不仅在学校演出了多场,还应邀在南京中医药大学演出了两场,这无疑对孩子是莫大的鼓励与支持——在演出中真正感受到了团结的力量、成功的喜悦!

第三届舞蹈队的学员是在第二届学生升入初二时,以自愿报名的方法进行删选增添的,这为后来舞蹈队的延续奠定了基础。往后几届舞蹈队的学员都是以这样的原则进行交替"接班"的。培养中,教师也更注重学生主体的原则——"以生带队",将教师退居为幕后工作者。从《校园清晨》《给书包减肥》,到《无名花》,再到《梦之幻》,教师逐步放手,学生渐渐蜕变,师生感情也日益深厚!

如今,这支舞蹈队还在延续着,并且由以前的选修课变成了今日的社团。虽然每周只有两节课,但是学生们都能长期坚持,从不间断!尤其是在

艺术节的演出前夕,他们还会自发地另加时间勤加训练,积极阳光的他们总是笑着说:"老师,不累,既然做了,就一定要做好!"

在社团活动过程中,指导老师着重从以下几个方面着力:

首先,充分挖掘活动中的音乐教育因素,如作品的选择、表演形式、练习形式等。《红旗颂》《保卫黄河》《无名花》都是教材中的优秀必修作品,体现的是华夏儿女不畏困难、自强不息的捍卫民族理想的共同追求,从舞蹈的学习中,学生可以感受到追求民主、追求自由、追求理想的信念,以及反压迫、反剥削的爱国主义精神;舞蹈《乐在书中寻》《校园清晨》《给书包减肥》贴近学生的学习生活,主题思想是热爱学习、热爱集体、帮助同学,从一个个不和谐的画面到定格在最后和谐的一刹那,每一点快乐都是在学习中求得……学生在深刻理解作品内涵的基础上,在表现作品的过程中,用优美的身体语言、动人的歌声诠释着每一部作品。

其次,关注活动过程中学生社会适应能力的培养。通过各种音乐活动,学生学会合作、共处、交流与分享,增强了集体荣誉感和团结友爱精神。一个表演团队,在训练和表演的过程中,必然需要全体队员的通力合作、相互帮助,这也是当代青少年所缺失的,理当受到高度重视。值得欣慰的是,每届舞蹈队成员之间相处都很融洽,虽来自不同的班级,但都亲如一家。

最后,充分利用学校的六大节、选修课、社团活动等为课堂教学提供延伸的保障,时刻关注全面、全程、全员,使音乐教育之花长盛不衰,硕果累累。

音乐课外活动是丰富学生课余生活,促进学生德、智、体、美全面发展的重要途径,学生在参加音乐活动过程中,发展了对音乐的兴趣及审美能力,丰富了精神生活,陶冶了情操。在这几年里,就是这样一支"无名"的舞蹈队,学生在舞蹈队的活动和表演中获得了丰富的情感体验,激发了求知欲望,更满足了发展自我的要求。当看到学生身心愉快、精神充实、热爱生活、积极奋进、充满自信和青春活力时,还有什么比这更让人值得欣慰的呢?

附：学生卡片和演出照片

学生卡片 1

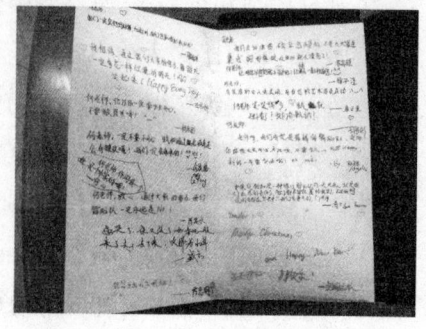

学生卡片 2

学生训练

演出

《红旗颂》剧照

《保卫黄河》剧照

《碧荷涟涟》剧照

《中国结》剧照

独舞《花香蜜甜》剧照

《乐在书中寻》剧照

让歌声沁润孩子们的心田——合唱选修课

"想唱就唱,要唱得响亮,就算没有人为我鼓掌,至少我还能够勇敢地自我欣赏……"这首歌的歌词很好地表达出了每一个选择合唱选修课的同学的心声。的确如此,合唱艺术产生于西方,它本是一种群体性、高品位的歌唱艺术。在当代追求个性的高速发展的年代,同学们能够选择合唱选修,在课堂上能够认真地学习科学的发声方法、探讨声乐的奥秘、感受曼妙的和声音响,纵情歌唱,即使没有更多人的喝彩,这种亲身体验也是极其宝贵的。

2003年9月,合唱选修课迎来了第一批学生。那是临时从大行宫校区腾出的教室,一架钢琴,十几张稚嫩而纯真的笑脸。"老师,为什么我的高音上不去?""老师,今天我们学新歌吗?"……每次上课,同学们总会提出各种各样的问题。就在如此简陋的教室里,老师与同学们一起练声、一起唱《采莲谣》、一起练习表演动作。直至2008年9月,随着课程内容体系的不断完善,合唱选修课的课堂教学逐步形成了边唱边舞的表演唱风格。

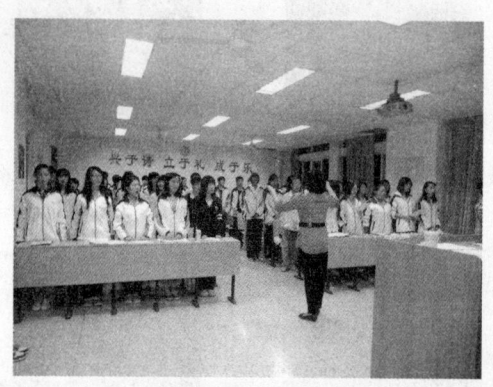

合唱队训练照片

　　对于中学生而言,合唱学习不仅可以引导他们步入丰富多彩的音乐世界,启发他们对音乐的兴趣,让他感受音乐美的熏陶,还可培养其对音乐的感受力和表现力,增强学生的艺术修养。选修的同学中有嗓音条件极佳的,有和声感超强的,有音乐表现力突出的。在课堂上,他们能够发挥各自的特长,通过一首首经典作品的演绎,诠释着他们这代年轻学生对合唱艺术的理解。毕业多年后,远在美国留学的钢琴伴奏张冀洲回国后对老师说的第一句话就是:"老师,我现在还是负责学校合唱队的钢琴伴奏哦!"陈陆雨嘉在2013年12月份回国后,依旧热心地发挥她的艺术管理能力,协助教师完成了许多艺术节相关的工作。

同学们在艺术节中表演唱《外婆的澎湖湾》

2006年艺术节中表演合唱《美丽的梦神》

　　合唱能够培养学生的相互协作以及团队精神。从声音训练开始，同学们就要明白处理好个人和群体的关系。通过声音的融合、声部间相互的协调，方能达到均衡、协调、富有感染力的合唱效果。由于年龄的特点，高中生更加追求声音的个性，注重自我能力的体现。在课堂中应如何调动他们的学习兴趣？如何在不同作品的需求上更加追求个性与共性的统一？2007年，合唱选修课首度尝试开设了小组唱形式。四个不同音色、个性鲜明的高一女生在当年的艺术节演出中独树一帜，反响甚好，颇受师生们的喜爱。

2007级高一女生组合在艺术节中表演《一千零一个愿望》

现如今，合唱选修课是南外仙林分校中学生合唱团的基础培训课程。南外仙林分校中学生合唱团成立以来，每一届的队员们通过自身不懈的努力，排练了许多音乐作品，极大丰富了同学们的课余生活，充分活跃了校园文化氛围，近些年，在市、区合唱比赛中也取得了骄人的成绩。愿合唱选修课中，每一个热爱歌唱、热爱合唱艺术的学生都能找到歌唱的自信，享受到合唱带来的快乐，让美妙的音乐沁润他们每一个人的心田！

动手的快乐——手工 DIY

"当一个人对生活感兴趣的时候，他才愿意去接触更多的知识、获得更多的技能。"DIY 是英文 Do It Yourself 的缩写，译为"自己动手做"，DIY 原本是个动词短语，往往被当作形容词使用，意指"自助的"。在 DIY 的概念形成之后，越来越多的人开始思考如何让 DIY 融入生活。中学生动手能力强，喜欢手工制作，基于锻炼学生动手能力、培养学生热爱生活的情感的目的，从 2005 年开始，南外仙林分校中学部开设了"手工 DIY"选修课程，一直延续至今。主要内容包括纸艺、布艺、十字绣、不织布、废旧物改造等，每学期会根据实际情况进行微调。自从开课以后，"手工 DIY"就得到许多同学的喜爱，经常是艺术类课程中选修人数最多的。同学们在这里体验到动手的快乐。

　　DIY可以几乎不用花一分钱、不用费一点力,轻松改造旧物,瞬间让物品"会说话""活起来"。比如用废旧饮料瓶做笔筒,用酸奶盒子做花瓶,用旧袜子做娃娃,一次性餐具再创作,用旧报纸做各种小动物,等等。在制作的同时还可以把心意融入礼物、把情意融入祝福,同学们把自己的作品送朋友、送父母、做义卖献爱心,充分感受生活的幸福和快乐。他们的每个DIY作品都含有自己独特的一面,制作的都是全世界独一无二的美好。在制作的过程中,他们也学会了去热爱生活,关注环保,还学会了不随意浪费物品,每一个要扔的东西都会思考一下还可不可以再利用。哪怕只是一个废报纸做的小动物,同学们都视若珍宝,因为那是他们亲手制作的,远比买来的玩具更有感情,而一个人最珍贵的就是情感。这就是"手工DIY"课程带给同学们最珍贵的财富。

手工社团活动

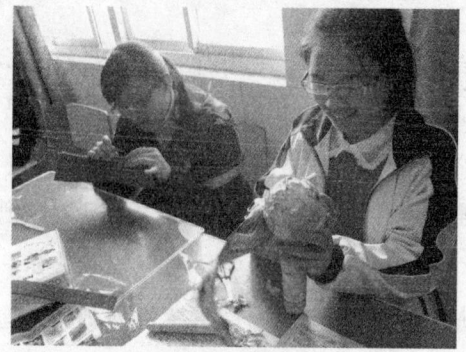

手工 DIY

手工社团成员作品1

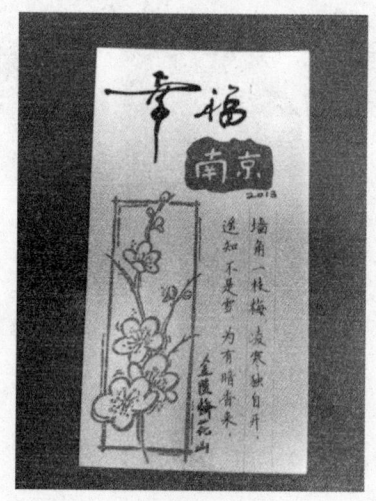

手工社团成员作品2

手工社团成员作品 3

让画动起来——卡通动漫人物技法

1. 教育背景

现代社会上各种文化呈多元性,卡通人物画已经走入青少年生活中,成为他们所喜爱的一种特有文化形式。但目前卡通画品质良莠不齐,许多学生乃至许多成年人都并不了解卡通人物画艺术在中国文化的构建发展过程中同样占有一席之地,也同样具有正面的教育意义;不了解漫画和卡通形象具有独特的情感表达方式和历史地位。例如我国抗战时期的一系列漫画,讽刺批判了日本帝国主义侵略者,以夸张滑稽的造型、强烈的情感表达了全国人民的抗日情绪,激励了抗日的斗志与决心;近年来一系列的环保漫画,对生活中的不良现象加以讽刺嘲笑,让人们在笑声中体会到环保对人类的重要性。此外,优秀的卡通形象已经超越了时间与地域意义,如张乐平笔下的三毛,美国的卡通形象米老鼠、唐老鸭等。

2. 造型基本功教学

选择"卡通动漫人物技法"选修课的学生,有一定的兴趣爱好,但观察方法和绘画习惯尚待培养,教师在教学过程中努力通过具体临摹的教学,让学生学会观察、学会技巧基础。让学生懂得如何欣赏与分析卡通画作品,既要注意人物造型的设计,又要懂得去探索画题和故事中反映的一些社会现象、人生价值,是课程的基本任务。教师在课堂上注意多与学生沟通,既能代入他们的角度去欣赏现代的漫画、卡通画,又能够引导学生提升欣赏品位,理解、欣赏本土漫画的艺术价值、人文价值。

3. 学生创新精神的培养

卡通形象设计要具有独创性。漫画家都会有自己的创作风格,以至于观看的人一眼就能指出其作者是某某人,这是卡通形象设计的最大特点。一个优秀的卡通形象甚至于就是漫画家的标志。教师指导学生进行设计的同时,鼓励他们具备原创精神,留意学生的一笔一画中不乏神来之笔;并经常适当提醒学生如何概括与精炼,提取形象的特征。老师鼓励学生把自己的照片带来,根据照片对自己的形象进行夸张、变形与概括;或从报刊中寻找人物形象,进行漫画复制,这样产生的漫画形象,同样能达到很好的效果。漫画除了手绘的方法表现以外,还可以运用彩色卡纸剪贴、电脑绘制等有效又简便的方法。

动漫社成员作品 1

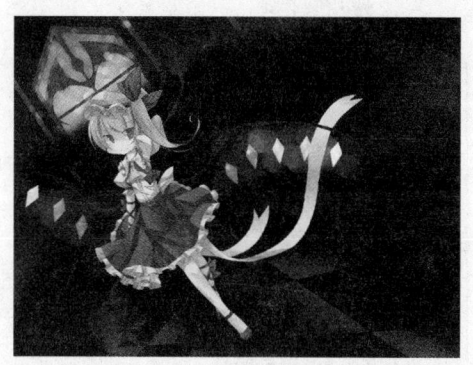

动漫社成员作品 2

动漫社成员作品 3

4. 课程适用对象

初、高中学生

5. 课程安排时间

初中组：每周 2 课时

高中组：每周 2 课时

总课时数：22 课时

6. 主要教学内容安排

第一章　男孩画法的原理
第二章　女孩画法的原理
第三章　男孩的身体局部绘画
第四章　女孩的躯体的塑造
第五章　女孩基本姿势、身体线条和衣服
第六章　各种衬托男孩的道具
第七章　各洲女孩的肤色、头发、服装
第八章　有关手的动作的表现
第九章　漫画人物的角色安排
第十章　漫画剧情的安排
第十一章　赏析漫画家的作品
总结　安排选修课考核（卡通作品展）

学生社团

少代会

足球社团在比赛

机器人设计

学代会

学生社团

模拟联合国

中美文化交流社

合唱团

街舞社

第六章　学生社团

一件事是否能够做成功，往往单靠兴趣是不够的，还需要一群志同道合的人。志同道合，指的是人与人之间，彼此志向、志趣相同，理想、信念契合。宋代陈亮的《与吕伯恭正字书》之二中说："天下事常出于人意料之外，志同道合，便能引其类。"可见，志同道合者，不分男女、不论贫富、不讲强弱，大家怀着共同的理想，为了共同的事业，朝着共同的目标，携手并肩，以期获得成功，有所成就。南外仙林分校在执行国家课程标准的同时，大力提倡孩子们自发组建自己的社团，鼓励他们在追随自身兴趣的同时，寻找到跟自己志趣相投的人，大家结合在一起，让思想碰撞、让梦想齐飞。目前南外仙林分校中小学部数十个社团，都是由学生自己组建、自由开展活动的。通过学生社团这种形式，孩子们不仅满足了兴趣，更锻炼了能力。

☯ 寻找牛顿头上的苹果——少年科学院

少年科学院是由小学少先队大队部牵头、以全校少先队员为活动主体、以科学探究为活动内容、以学生自治为组织形式的基础性研究机构。它模拟成人科学院的角色，开展一系列的科学探究体验性活动，中心任务是提升小学生的科学素养，激发学生从小爱科学、爱动手、爱动脑、爱创新。

1. 办院目的

为了实现南外仙林分校的办学理想，进一步推进课程改革，在现有资源的基础上，创办南外仙林分校少年科学院，旨在通过实践，探索民办学校科技教育和少先队教育特色。设置专项研究所，对有科技特长和爱好的学生进行提高性的培养，并以点带面，影响全体学生，促进其科学素养的养成，为未来的科技人才奠定优良的素质基础。

2. 学习任务

组织少科院学员接触社会，接触自然，从学习和生活中的小处着手，运用研究性学习方式,开展小制作、小发明、小创造、小论文等科技活动,从而培养学生的科学精神和科学态度。

3. 组织机构

(1) 顾问机构:

少科院邀请学校领导、教科研专家、少先队工作专家担任名誉院长和顾问,组成顾问团,以指导少科院工作的开展和咨询。

(2) 管理机构:

由教导处和少先队分管领导组成管理机构,负责对少科院的辅导机构和执行机构进行日常管理和评价。

(3) 辅导机构:

各研究所配备若干名导师,导师团由校内和校外师资组成,校内邀请相关学科教师担任导师,校外由周围几所大学的师生志愿者担任导师。

(4) 执行机构:

少科院所有行政职务均由学生担任。少科院设小院长、副院长、秘书长和理事。各研究所设所长、副所长、秘书,负责对研究所进行日常事务管理。

4. 学员对象

研究所学员从现有的中高年级学生中,通过课题招标,进行招录。研究所学员分为三个等级:小研究生、小研究员、小院士。

具备下列条件之一的可被确定为小研究生,发给小研究生证书:

(1) 通过课题招标,基本完成指定任务;

(2) 参加普及性的教学班——选修班的学习满2个学期,并且成绩优秀;

(3) 参加校级(含校级)以上科技比赛,获一等奖。

具备下列条件之一的小研究生可被评为小研究员,发给小研究员证书:

(1) 通过年会论文答辩;

(2) 参加市、区级(含区级)以上有关比赛获团体二等奖的主要成员,或获个人二等奖。

具备下列条件之一的,可被评为校级小院士:

(1) 年会论文评比获一等奖;

(2) 参加市、区级以上比赛获团体一等奖的主要成员,或获个人一等奖;

(3) 参加省级以上比赛获团体二等奖的主要成员,或获个人二等奖以上;

(4) 科技研究成果在当地或家庭中创造了一定经济效益和社会效益;

(5) 能创造有价值的学习方法,或其他理论。

校级小院士参加区、市、省和国家级评审,可被授予相应等级的"小院士",颁发小院士证书。

学员义务:

(1) 遵守少科院的纪律,服从决议,积极参加各项活动;

(2) 集体观念强,相互之间平等相处,互相关心,共同进步;

(3) 参加少科院和研究所规定的学习活动,不得无故迟到、早退或旷课。

(4) 每学年必须向少科院年会提交一篇小论文,或小制作、小发明、科技创新方案、调查报告等。

(5) 学员有管理基地、爱护公物、保护环境、保持清洁等义务。

学员权利:

(1) 小研究员和小院士都有选举权和被选举权;

(2) 学员可以对少科院的工作活动提出要求和建议;

(3) 学员有坚持自己观点的权利;

(4) 学员享有接受普及性和提高性科技教育的权利;

(5) 学员的科技作品和智力成果依法享有知识产权。

5. 日常活动

各研究所每周由校内导师利用选修课时间上两节辅导课,每月和志愿者对话交流一次,平时利用网络和志愿者保持联系。

每年举行一次少年科学院论文答辩会,或智力成果展示会,或科技夏令营。寒暑假和法定假日学员应积极参加科普活动和课题研究。

6. 奖励制度

每学年对学员的小制作、小发明、小论文进行评比,给予物质和精神奖励。每学年根据研究成果评选"优秀小研究员"和"优秀小院士",对成绩突出的小研究生和小研究员破格授予"校级小院士"称号,对工作出色的导师和志愿者按照学校有关规定给予相应的奖励。

7. 小院士介绍

小荷才露尖尖角
——记南京外国语学校仙林分校王鑫研

王鑫研同学是南京外国语学校仙林分校六(10)班的学习委员,江苏省首届青少年发明家,江苏省少年科学院小院士,中国少年科学院小院士。她品学兼优,勤于动脑,兴趣爱好广泛。她的创新发明作品荣获第十七届、十八届、十九届全国发明展览会银奖4项,9件作品获国家专利局专利证书,多项作品荣获省、市、区发明科技奖;她不仅科技发明成果多,学习成绩也一直十分优异,是全国小学生英语水平测试一等奖的获得者,英国PERT水平测试小学组最高证书的拥有者,自入学以来年年被评为三好学生,是区十佳少先队员、区三好学生,多次受学校老师的嘉奖,并有数篇文章在报刊上发表。其个人书法、绘画作品也多次在全国、省、市、区获奖,是一个学有所长全面发展的好学生。

一、老师引导,开启智慧之门

王鑫研的科技发明启蒙教师是江苏省科技特级教师、中国发明协会会员陈长明老师,老师的精心辅导和学校定期开展的创新方案征集活动,极大地激发了她发明创造的兴趣,也成了开启她智慧大门的金钥匙。"牙膏枪""不烫手的茶杯""无污染的黑板擦""会报警的拐杖""折叠式衣架""多功能伞""方便携带的塑料墨水瓶""包有纸套的粉笔""不易散落的水彩笔盒""不易滑落的筷架""方便的绘画颜料盒""移动口袋""方便一体的口罩耳罩"等一连串地迸发出来,从此一发而不可收,她的多项创新方案受到老师的认可,她本人也连续三年获得了学校的"最佳创新方案设计小能手"称号。在学校科技老师的辅导帮助下,她制作的"不易散落的水彩笔盒"获得了第十七届全国发明展览会银奖、"受风面均匀的吊扇"获得了第十八届全国发明展览会银奖,"嵌入式农业两用刀""拼插式花木培育盆"获得了第十九届全国发明展览会两项银奖、"带消毒棉的创可贴"等9件作品获得了国家发明专利局专利证书。2010年王鑫研分别荣获"中国少年科学院小院士""江苏省少年科学院小院士"称号,参加第五届全国中小学劳技教育创新作品邀请赛暨全国青少年优秀创新人物评选获银奖,撰写的科学小论文获全国小学生小探索者科学小论文竞赛一等奖、江苏省"小哥白尼"科技创新奖一等奖。她还连续两年获得了江苏省首届、第二届青少年发明家评选活动三等奖,获得了南京市第十六届中小学师生科技创新大赛一等奖、二等奖各一项和南京市中小学生科技小发明展示会铜奖;"移动的口袋"获南京市第十四届中小学师生科技创新大赛二等奖……

二、喜观察,爱动脑,收获创造之果

王鑫研喜观察、爱动脑是出了名的,同学们都很佩服她。平时一旦有了什么好的想法,她都会马上记录下来。也正是由于这样的习惯,她才有了源源不绝的发明灵感:

"不易散落的水彩笔盒"——画画的时候,水彩笔的笔套常常散落在桌子上,有时还会掉在地上,被脚踩坏。她就想着要如何改进它。一天,台钟底座上的一支笔引起了她的关注:那支笔底部是一个小圆球,笔套可以转动,但拿不下来。她想:如果水彩笔的笔套是这样的话就不会散落了。但笔套又如何固定在盒子里呢?学校水池上面的一根自来水管和一个个水龙头又让她有了灵感:水龙头不就是一支支水彩笔吗?水管就是它固定的地方。在老师的帮助下,一个"不易散落的水彩笔盒"很快就做好了。从此,笔套散落在桌子上、掉在地上、被脚踩坏的事不会再发生了。这件作品获得了第十七届全国发明展览会银奖。

"方便的绘画颜料盒"——刚买来的颜料盒每支笔都排列整齐。可时间一长各种颜色就会乱。她想:要是颜料盒子怎么用笔都不会弄乱那该多好啊!一天,当她看着妈妈在一个圆形的塑料针盒里一根根挑着自己需要的针时，突然灵机一动：这一格一格里放着的针不就是一支支颜料笔吗？既不乱，又方便，想要哪个就挑哪个，用手一转还不会掉出来！按照这个构思，她在爸爸的帮助下先用硬卡纸做了模型，再送到工厂加工，很快一个"方便的绘画颜料盒"就制成了。这件作品获得了南京市建邺区第十五届中小学生科技创新大赛三等奖。

"不易滑落的筷架"——有一次王鑫研和爸妈在外吃饭，可是一不小心，把桌上放在筷架上的筷子给碰掉了，并且还有一根筷子掉在了地上，这样既不文明也不卫生！有什么办法让筷子不那么容易掉呢？旁边弟弟手里不停摆弄的磁铁给了她灵感。回到家后，在爸爸的帮助下，她先把小磁铁固定在筷子架下面，再在筷子上嵌入铁钉，这样一个"不易滑落的筷架"就做成了。

"移动的口袋"——王鑫研看到电视里经常有人在挤车的时候被偷了钱，警察叔叔提醒大家不要把钱放在外面的口袋里。可是我们衣服里面大部分没有口袋，要是外面的口袋在需要的时候能移动到里面就好了！首先她想到了别针，但这样不是很方便，也容易戳到手。她又想到了尼龙胶带，但稍重一点的东西就容易掉。星期天在整理衣服的时候，她发现自己很多衣服是用按扣的，很方便也很牢固，于是想到在口袋的四个角上都缝上按扣，再在衣服里外缝上按扣，需要的时候外面的口袋就能移动到里面了。在妈妈的帮助下，"移动的口袋"也制成了。这件作品获建邺区第十六届中小学生科技创新大赛小学组一等奖、南京市第十四届中小学师生科技创新大赛小学组二等奖。

"方便一体的耳罩口罩"——在冬天外出的时候妈妈总让她戴上口罩和耳罩。可是有时候要说话，摘下口罩特不方便，再戴上就更麻烦，要是口罩耳罩是一体的就方便了。她想起在医院里的医生不戴口罩的时候口罩是挂在耳朵上的，便设计了将口罩一边固定在耳罩上，在耳罩上缝上一粒大点的纽扣用来挂口罩的另一边。而且口罩的带子是有弹性的，大人、小孩都能用。这样，冬天里戴口罩、耳罩就方便多了。这件作品获得南京市首届社区科创大赛三等奖。

"受风面均匀的吊扇"——夏天天气很热，在学校食堂吃饭时更热，有一天,她偶然发现一个奇怪的现象:一群老师坐在大吊扇下方,围成一圈,正下方处反而没人坐。后来,她坐在中间才发现风很小。回到家里,她用微风吊扇反复实验,发现中间几乎没风。这是怎么回事?她就去问老师,老师告诉她这是吊扇的"盲点"。小鑫研就想解决这个"盲点",改变风的方向,让中间有风。后来,她在扇叶靠中心处的下方粘贴了弧形挡风片,让风改变方向,消除了吊扇正下方的"盲点"。这件作品获得了第十八届全国发明展览会银奖。

三、发明创造与学习并进,新学期再迈新步伐

发明创造并没有影响王鑫研的学习,她的学习成绩一直是名列前茅,已公开发表了数篇文章,是全国小学生英语水平测试一等奖的获得者,英国PERT水平测试小学组最高证书的拥有者,年年被评为三好学生,2008年获得特别颁发的校长奖,2009年荣获区十佳少先队员,2010年获区三好学生的荣誉称号。她热衷参加学校及晨报举办的公益活动,为患白血病的同学捐款义卖;她喜欢书法、电子琴,作品也多次获奖;她还喜欢体育运动,在校运动会上还拿过一个跳远第四名呢。

进入六年级以来,王鑫研同学发明创造的兴趣更浓了,已有好多灵感记在了她的本子里。2010年她也发明了很多新作品:

"嵌入式农业两用刀"——王鑫研外婆家在农村,一次去外婆家玩时,不知什么原因外婆家的小狗突然受惊奔跑起来,带倒了墙边竖放着一把镰刀,割破了小狗的脚。小狗好可怜哦!她下决心要想办法,不能让镰刀再伤到人和动物了。受削铅笔小刀的启发,她设计了拉开90°是镰刀、拉直180°是铲刀的嵌入式农业两用刀,刀口不外露,虽然简单,便很实用也很安全,外婆的小狗也再不会被伤着了。

"拼插式花木培育盆"——也还是在外婆家附近,她看到一大片树苗地里飘的到处是白色的塑料薄膜,一问外公才知道,那是采用高空压条的方法来繁殖花木后留下的大量废塑料薄膜,多污染环境呀!她设计出一种培育盆,一分两半,在两边装上卡扣,在要繁殖的枝条处合上卡住就行了,等枝条成活后再用力分开取下。这种盆可反复使用、不用塑料薄膜,不会造成对环境的污染,绿色环保。

……

小荷才露尖尖角,虽然《南京日报》《扬子晚报》《江苏科技报》《江苏关心下一代周报》《好娃娃杂志》《科学大众》《南京电视台》都相继对她进行事迹报道,但王鑫研同学并没有骄傲,逆水行舟不进则退,她的想法还有很多很多,展现在她前面的科技发明之路还很长很长,我们衷心祝愿她一步一个脚印,更多的梦想早日实现,科技之花绽放得更加鲜艳!

我是小小主人翁——少先队代表大会

少先队代表大会是队组织实施民主集中制领导和管理的具体体现,是让少先队员实施民主权利、当家做主的保证,是队员学习民主、发扬民主、培养民主能力和主人翁思想的重要形式。因此,南外仙林分校历来重视一年一届少代会的筹备与召开,并不断对少代会的民主程序加以完善,使少代会成为少先队员学习社会主义民主政治建设的有效途径,使少代会真正成为社会主义民主建设的有效载体。

1. 民主选举,尊重和维护队员的民主权利

少先队民主建设首要之点是要尊重和维护队员的民主权利,首先是选举权。民主选举,是指运用民主的原则、程序和方法进行选举。

（1）完善选举程序,保障队员行使选举权、知情权、参与权、监督权。

学校少先队民主选举的程序是首先成立选举领导小组,负责少代会代表、中队和大队委员的选举。

其次,确定候选人。大队委员候选人,由中队提名、年级中队长会议协商产生。队员十人以上联名,可以向中队推荐大队委员候选人。中队讨论、协商,根据多数队员的意见,确定中队提出的候选人名单;对候选人不能形成较为一致意见的,进行表决,根据得票多少的顺序,确定中队提出的候选人名单。确定的正式候选人名单应当在选举日的五日以前公布。

第三,学校确定时间选举中队委员会、大队委员会和学校少代会代表,以中队为选举单位投票。其中大队委员会选举结果由学校汇总公布。

第四，投票现场安放票箱。

第五，选举采用无记名投票的方法。

第六，投票结束后，由队员推选的监票、计票人员和选举工作人员将投票人数和票数加以核对，作出记录，并由监票人签字。

第七，每次选举所投的票数，多于投票人数的无效，等于或者少于投票人数的有效。每一选票所选的人数，多于规定应选人数的作废，等于或者少于规定应选人数的有效。

第八，队员过半数参加投票，选举有效。候选人获得参加投票队员过半数的选票时，始得当选。获得过半数选票的候选人的人数超过应选名额时，以得票多的当选。

第九，选举结果由选举负责人根据选举办法确定是否有效，并由选举会议主持人予以宣布。

完善的民主程序是民主选举的重要保障，是保障队员行使选举权、知情权、参与权、监督权的根本所在。

（2）规范选举过程，体现公开、公平、公正、透明的民主原则。

关于选举的民主理论通常理解有四原则，即选举的普遍、平等、直接、秘密原则。选举是否民主，一般用这四原则来衡量。选举的普遍性就是保证队员选举代表和队干部的权利。选举的平等性就是保证每一个队员都有选举权和被选举权。选举的直接性就是直选各级少代会代表和各级少先队干部。选举的秘密性就是秘密投票，不允许出现举手表决等选举方法。

因此，在少先队选举中，要始终坚持公开、公平、公正、透明的民主原则。多年来，学校根据少先队章程所要求的少代会代表应具备的条件和产生的方法，由大队部（由大队委员和辅导员老师组成）根据学校大、中、小队比例分布情况和队员反馈意见，具体制定对代表和干部候选人名额的分配方法，并在少代会筹备会上由大队长对各中队作具体布置。然后，各中队通过自荐、他荐等形式"海选"代表及后备干部候选人，再以无记名投票方式差额选举产生，并将选举结果提交大队部审核，审核通过后将最终名单向队员们公示。投票过程采用当场开票、公开计票、当场公布选举结果等方法，充分体现公开、公平、公正、透明的民主原则。最后由大队部统一完成正式代表的信息登记工作,并将正式代表的名单和信息通过校广播台、宣传栏等渠道向全体少先队员进行宣传。

整个选举过程都是依民意而来,顺民意而动,一切都在广大队员的眼皮底下进行,一切都以最广大队员的参与为基点,以队员的意愿为考量。无论队员还是队干部,无论好队员还是所谓的"问题"队员,在队里都有相同的选举权和被选举权,在一次选举中都只有一个投票权。辅导员老师不得以任何方式强迫队员选举或不选举某个人。公开、公平、公正、透明的民主原则也就寓含于这些程序中了。

2. 自主决策,培养和塑造队员的主人翁意识

学校以一年一次少代会的召开为依托,对广大少先队员开展民主意识、参政意识的教育。除了在正式会议上,队员自主行使民主权利选举,充分发挥"小主人"的功能外,在整个少代会的筹备过程中,也充分培养了队员的自主能力,真正实现了在民主、自主的环境、氛围中,培养和塑造队员的主人翁意识。

(1) 关于少代会的工作报告。

每年少代会的工作报告都是由少先队大队部着手起草的,各中队在认真总结一年来学校少先队工作的经验和教训的基础上,完成讨论稿,大队部全体委员进行认真的讨论和修改,并广泛征求广大少先队员、中队辅导员的意见和建议,最后将修改意见统一整理后,经大队部审阅同意后正式定稿。定稿后,大队委员会收集报告的相关影像资料制作成PPT,配合文字稿在正式会议上向全体代表展示一年来学校少先队的工作成果。

(2) 关于少代会提案工作。

为了进一步发挥、完善少先队组织的教育功能,积极创设少先队工作的良好活动条件和社会环境,向社会各界宣传少先队工作的重要意义,维护少年儿童的合法权益,学校少先队根据队章相关规定,在充分听取广大少先队员意见的基础上,结合本校少先队工作实际,一事一议、一事一案进行提案,再由大队部整理分类交学校各部门进行提案解答。值得一提的是,通过大

队委员在提案工作布置会议上的倡导,队员们书写的提案不再是一些简单的"不合理"和"不满意",而是主题更明确、书写更工整,更重要的是在内容上更具有"建设性"。

此外,少代会筹备经过报告的起草,选举办法的产生和通过,少代会决议的起草、审议和通过都充分发挥队员的自主管理、自主决策能力,培养和塑造了队员的主人翁意识。

总之,学校充分把握一年一度的少代会的有效契机,让少先队员在实践民主选举、民主决策、民主管理、民主监督中继续探索和创新,增强公民意识、民主意识、法制意识、主体意识,倡导他们现在做队组织的小主人,将来做国家的大主人,从而为发展社会主义民主政治、建设社会主义政治文明打下良好的基础。

足球乐园——小学部足球队

1. 足球队队员的组成

(1)足球社团成员。因学校校园大并要求学生住宿,一年级孩子需要一个适应的过程,所以为了不影响孩子的正常学习和生活,足球社团的招募工作从一年级下学期开始。以学生自愿报名,班主任推荐,体育老师筛选的方式选取足球社团成员,原则上每班2—5名。足球老师也可根据运动会成绩及平时表现直接物色人员,经询问过个人意愿后吸纳其加入社团训练。

(2)足球队队员。优选社团内出色的队员构建校足球队,有比赛时集中集训。正式队员数在25人左右。

学生自愿报名
班主任推荐 } 体育老师筛选
足球老师直接物色 } 足球社团——正式队员
(通过运动会成绩以及平时发现)   (优秀社团成员)

2. 球队活动的组织

(1)积极参加校外各级各类比赛,如区少儿男子足球比赛、市少儿男子足球比赛、全国校园足球联赛南京赛区比赛、国际学校的友谊赛等。

（2）不定期组织校内班级联赛，并准备构建足球内容的校本课程。

（3）营造足球文化，创建足球网站。

3．对学生发展的促进

（1）培养学生的足球兴趣，提高其足球技能，锻炼身体，团队协作。

（2）给学生渗透一些足球精神和做人做事的道理，用足球文化引导孩子确立正确的情感、态度和价值观。

（3）在训练的同时也不忘文化课学习，引导学生养成良好的学习习惯、认真的学习态度，使学生全面发展。

足球乐园1

足球乐园2

播撒中医药种子的沃土——中草药研究所

中草药的应用源远流长，至今长盛不衰。中药理论及实践经验反映了中国文化的特点，不仅是中国医药学宝库的瑰宝，也是中华民族的优秀文化遗产的重要组成部分。如何在孩子们心中埋下传统文化中医药的种子，让它发芽开花结果，是基础教育工作者应该探索的问题。学校少科院中草药研究所的成立，正是希望能成为播撒这颗种子的沃土。

（一）组织目标

通过组织学生种植中草药，了解中草药，了解中医药学，让学生初步感知中草药文化，在心里埋下中华瑰宝中医药的种子。同时，培养学生合作探究和自主研究的能力。

(二)实践活动

1. 建立组织

(1)研究所人员的确定。

每学年的第一学期招兵买马,三至六年级学生自愿报名,进行适当挑选后确定成员,约30人。

(2)规范制度。

①分组。一般分六大组,每组4—5人。按各组自愿选种的中草药命名组名。选出组长及正副所长。

②考勤。每次活动前,小组长负责各组点名。不能来的同学要提前请假。

③组长负责制。室内教学以小组形式围坐,室外活动以小组为单位,组长负责各组纪律和活动安排。

2. 选择场地

东区:小农场中草药园、南京中医药大学药苑。

西区:西区小花园盆栽场地、东区小农场、南京中医药大学药苑。

3. 聘请辅导员

学校科学教师、南京中医药大学教授、研究生等。

4. 活动计划

第一学期计划:以理论学习为主。

(1)"听故事识名医",开始认识张仲景、李时珍、扁鹊和华佗等历史名医。

(2)"看图片,记药名",通过收集到的图片,认识常见的中草药,并记住药名和药性。

(3)了解部分中草药的性味和药用,让学生初步感悟中草药的奇妙。邀请南京中医药大学研究生给学生讲解经方,让学生初步接触中医流派,增强学生民族自豪感,激发学生求知欲望,培养学生弘扬中华传统文化的意识。请南京中医药大学的研究生来给小学生讲课。研究生专业知识丰富，从中医的整体观念入手，介绍了我国传统医学的特点：宜时宜地宜人；同病异治，异病同治等。还讲解了经方中用中药来分的人的十大体质特征。讲台上，老师深入浅出，引经据典，侃侃而谈；讲台下，孩子们听得津津有味，饶有兴趣。这样直接与专业人士面对面的交流，加深了孩子们对中华传统医学的认识和了解，使其感受到了中医的魅力，激发了热爱传统中医的兴趣。有的孩子还会根据老师的讲解，尝试着帮同学、家人分析体质特征呢。

南京中医药大学研究生来讲课

第二学期计划：以实践操作为主。

阳春三月，在学校小农场工人的帮助下，开展种植中草药的系列活动。

（1）选地整地。跟着农场工人师傅翻土，除去石砾杂草。

（2）播种。黄秋葵、月见草、猪屎豆、曼陀罗等要穴播，一个穴放6颗种子，然后轻轻地盖上土，小心翼翼地抚平。益母草则是撒播。

（3）田间管理。浇水、间苗（去弱留强）、施肥（肥料取自小农场的羊粪，加上水发酵）、除草。

（4）收获留种。

通过自己穴播、撒播、浇水、除草、施肥，细心认真地呵护和观察自己小组种植的中草药，同学们掌握了个别中草药的正确栽种方法，提高了实践操作能力和小组合作能力，了解了中药的种类、外观及功效，还培养了难能可贵的吃苦耐劳精神。

 播种
 除草
 浇水
 施肥
 收获
 观察记录

因为与南京中医药大学为邻,学校也通过利用家长资源或和大学学生会联系,组织孩子们去南京中医药大学的药苑参观。那里的中草药品种更多。当孩子们边参观边辨认中草药时,陪同的南京中医药大学的教授和学

生连连夸赞小研究员们认识的中草药真不少。

参观南京中医药大学药苑 1

参观南京中医药大学药苑 2

（三）评价体制

评价从学习态度、小组合作、资料搜集、课堂笔记、观察记录、学期小结、论文答辩七个方面进行，先自评再组评、师评，最后给出综合等第，分 A、B、C 三个等第。

中草药研究所评价表

班级＿＿＿＿＿＿　姓名＿＿＿＿＿＿　时间＿＿＿＿＿＿

内容＼等第	自评			组评			师评			综合		
	A	B	C	A	B	C	A	B	C	A	B	C
学习态度												
小组合作												
资料搜集												
课堂笔记												
观察记录												
学期小结												
论文答辩												

自 2010 年中草药研究所成立以来，小研究员们每学期结束都会写小结、论文。其中，郑一贝的《校园里的中草药》被选编入校刊。在历届校园科技节少科院论文答辩会上，谢祖地、华婧汝、王彧妍、郭沈嘉乐、张扬、石承润

表现优秀,被评为"学校小院士"。

论文答辩 1

论文答辩 2

同时,中草药研究所还得到了家长和学生的肯定。以下是部分摘录。

家长的反馈:

◆上中草药课真的很有用,今年过年,大家在一起猜谜,没想到他竟然能猜出中草药金银花。大家很惊讶,他自己很自豪地说:"我学中草药的!"

◆有必要让孩子们多接触一些中华的传统文化。

学生的反馈:

◆我们在种植的过程中,每个人都有分工,各司其职,一个人除草,一个人浇水,一个人测量植株的大小,一个人记录,大家都配合得挺好。可是播种不久后,我们发现自己组的四盆中草药"有气无力"的样子,而其他组种植的却很好,听说,他们每天都会过来浇水,于是我们也向他们学习了。

——陈辰

◆肥料就地取材,就是我们学校小农场特有的羊粪。把稀释的羊粪放在桶里,再去小池塘加点水混合一下,这就是最好的肥料了。这施肥也是有方法的,师傅说肥料要先发酵,才不会把植物烧死。肥料要浇在根茎部位,不能浇在叶子上,不然苍蝇就会叮叶子。

——郭沈嘉乐

◆老师老师,我已经在迈皋桥拜师了!一位老中医收我为徒弟了!你看,这是我抄的方子。

——秦冀雯

◆转眼间,我们这是第二次写小结了,真希望下学期再次到这里的时候,我们的中草药还是生机勃勃,虽然每次来上课,头上背上全是汗,大汗淋漓的,但我觉得值,下学期我一定要再报中草药研究所。

——曾慧玟

我爱陶艺——陶艺社

1. 社团活动宗旨

传承传统文化,弘扬民族精神。

与时俱进,开拓创新。

动手动脑,发挥想象。

2. 社团活动内容

了解陶瓷艺术文化知识,学习陶艺基本技法。以技能技法来划分学习单元,制作的内容以身边的自然事物为主,也可以自由想象主题创作内容。

每位学员都有各自的陶艺作品展览柜,展示一学期以来所学习制作的陶艺作品。

3. 社团成员的选择

社团成员选择三四年级学生,因为此年龄阶段学生的基本功较为扎实,在自由创作方面也有一定的基础。

4. 社团活动特色

陶艺课用的陶土是专用陶土,是无毒无臭的天然矿物,即紫砂泥,它柔软湿润,可塑性强。

以陶艺教学作为素质教育的突破口,来促进孩子的动手能力、想象力、创造力的发展,更重要的是让他们从中收获快乐。

5. 活动后学生的收获

以下是在学习完陶艺课后,学生根据所学内容所写的学习心得及体验。

精彩陶艺,快乐人生

南外仙林分校三(9)班　常哲铭

陶艺是我国传统艺术之一,它是陶土经过加工做出来的一种艺术品,陶艺作品经过烧制后会变得非常坚硬,且易于存放。

我们使用宜兴盛产的紫砂土来进行创作。陶土是软软的东西,它可以随你想象捏成各种形状。陶土作品经过烧制以后会变得格外好看。艺术家们经常使用紫砂泥来做人物、器皿、装饰品……

作品名称:《打乐器的人》

我们学校也给我们开了陶艺课,我一接触它,就立刻喜欢上了它,因为它可以培养我的想象力和动手能力,它也给我带来了无穷的快乐。我已经上了好几个学期的陶艺课了,每次课上我都能在老师的指导下,按时完成作业。其中我的一个作品《打乐器的人》还登上了校报——《仙林之路》呢!这让我又增添了一份学好陶艺的信心。现在,陶艺已经成为了我学校生活的一部分。

我的人生就像一个春天,陶艺就像一朵美丽的鲜花,它为我的"春天"又增添了一份美丽的色彩,让我的"春天"变得更加美丽、更加灿烂。

紫砂中的生命

南外仙林分校四(9)班 赵舟涵

你们肯定都说:石头有生命,沙子有生命,小木棍有生命。因为它们只要经过加工,就成了一件艺术品。而上学期,我才发现宜兴的紫砂泥也有生命。于是,我借着这个机会做了一个小人,巧的是,老师看中了我的作品,让我上了校报。

今天做泥人,老师发下了一大堆泥,并一口气说完了制作要求,我都等不及了。"咚咚咚……"陶艺教室里传来阵阵打泥板的声音,像吵闹的街市。打泥板做花衣服,再加上漂亮的头饰,配上精致的鞋子,每个人都忙得不亦乐乎。

作品名称:《小背包女孩》

我边做边想着即将要诞生的作品,突然,小娃娃的头掉下来了,啊,我赶忙拿湿抹布沾湿小娃娃的脖子,再把头往上一压,哦 NO,更糟糕的事情发生了:粘是粘在了一起,可我把小娃娃的头压扁了。我立即放开手中的"发夹",去抢救小娃娃。

当当当,完工啦!一个活生生的小女孩便出现在我的眼前:水灵灵的大眼睛,樱桃似的嘴巴,再加上可爱的牛仔裤,这就是背包的小女孩。

其实,紫砂泥是有生命的,你不在意它,又不认真做,怎么能看得出它是有生命的呢?如果你能认真对待它,它就会变得栩栩如生。当然,这个过程中你必须付出汗水。

紫砂泥中还有什么奥秘,这就要等你去探究啦!

学做电子"达人"——电子技师社团

1. 活动宗旨

活动旨在指导学生动手制作融科学性、实用性和观赏性于一体的电子作品,认识基本的电子元器件,知道它们在电路中的作用;认识简单的电子元器件的符号,学会看电路图进行拼装;正确使用电烙铁进行元器件的焊接,激发学生学习电子科学技术的兴趣,培养他们运用电子技术的技能和创造能力,全面提高学生的科学素养。

2. 活动内容

学会制作光控变色灯、光控频闪灯、彩色流水灯、电子机器人、声控电子鸟等电子作品;掌握电子元器件的作用,能对以上作品进行简单的改装。

3. 活动收获

（1）学生对电子电路感兴趣,学习兴趣浓厚。

（2）学生喜欢看电子方面的书籍,对身边的电子产品感兴趣,总想探个究竟,想知道里面的电路结构及原理。

（3）学生能独立看电路图,独立完成电子鸟、彩色流水灯、光控频闪灯、光控变色灯、电子机器人等电子作品,在制作过程中能发现问题并找到解决办法。

（4）激发了学生的求知欲,锻炼了学生的动手能力,并激发学生创新的欲望。

我的校园 我参与——学代会

2008年10月10日,这是一个注定写入校史的日子,这是一个令所有南外仙林分校学子兴奋的日子,南外仙林分校首届学生代表大会在校四百人阶梯教室拉开了帷幕。

南外仙林分校的学代会制度是学校民主教育的重要体现,是学校管理体制的重要组成部分,是学生实行民主管理的基本制度和基本形式,是促进学校决策科学化、民主化的重要渠道,是学校实行学生自我教育、自我管理、自我服务的主要载体。学生代表大会代表由各班投票民主产生,选举名额按班级人数的10％计算,再采取四舍五入的方法。学代会召开分为三个部分:

1. 准备阶段

每年9月中旬,成立学生代表大会筹备委员会,召开学生会会议,分配大会工作任务。各班按照章程,选举学代会代表,填写代表信息表。

2. 预备会议

上报代表团和候选人名单,下发学代会提案表,审查代表资格。

3. 正式会议

学代会伊始,中学部校长致开幕词,随后学生会主席就去年学生会工作进行总结报告,所有代表在认真聆听并充分讨论后予以通过。然后,学代会代表通过民主选举,以无记名投票的方式当场选举产生新一届学生会成员。之后,学校各部门领导就上届学代会学生代表所提重点议案进行详细耐心的答复,最后,学代会就学校重要问题充分讨论,形成大会相关文件。

学代会代表投票

每年的学代会,代表们都会认真行使自己的权利,为学校发展尽心尽力,正如一位学代会代表所说:"当嘹亮的国歌响彻会场时,我被震撼了,无比光荣的使命感和责任感油然而生。这是一次胜利的大会,一个有划时代意义的大会。"还有一位学生代表说:"能以这种方式行使我们学生的民主权利我感到十分高兴,我想我会把很多同学们的建议和意见反映给学校。"

学生代表大会的成功举办,进一步推动了南外仙林分校民主教育的进程,是学校民主校风的又一次展现。

附:南京外国语学校仙林分校中学部学生代表大会章程(试行)

第一章 总则

第一条 为全面实施素质教育,促进学校教育改革与发展,加强学校民主建设,参照《选举规则》的有关规定,结合我校的具体情况,制定本条例。

第二条 学校实行团组织领导下的、以学生为主体的学生代表大会制度(以下简称学代会)。学代会是学校管理体制的重要组成部分,是学生实行民主管理的基本制度和基本形式,是促进学校决策科学化、民主化的重要渠道,是学校实行学生自我教育、自我管理、自我服务的主要载体。学代会代表全校最广大学生的意志,维护全校所有学生的合法权益。

第三条 学代会应充分发挥联系学校和广大同学的桥梁纽带作用,参与学校学生事务的民主管理,维护广大同学的正当权益,反映同学的意见和要求,推动学校民主建设。倡导和组织广大同学自我服务、自我管理、自我教育,创造良好的学习、生活环境。

第四条 学代会的组织原则是民主集中制。

第二章 学生代表大会

第一节 组织制度

第一条 校学代会每年召开一次。学代会代表以班为单位民主选举产生。各班代表名额根据各班学生总数按比例分配(百分之十)。学代会代表可以连任。

第二条 学代会应有三分之二以上(含三分之二)正式代表出席才能召开,一般决议需得到与会正式代表的半数以上同意方得通过。

第二节 权利和义务

第一条 学代会在本校范围内行使以下基本权利:审议建议权、审议通过权、审议决定权、评议监督权。

第二条 依法享有政治权利的我校在读学生均可当选为代表,其基本条件是:

(一)具有正确的政治方向,自觉坚持四项基本原则,坚决拥护党的路线、方针、政策。

（二）认真学习邓小平理论和"三个代表"重要思想，努力学习科学文化知识，成绩优异。

（三）遵纪守法，自觉遵守校纪校规。

（四）团结同学，有较广泛的群众基础，能代表广大同学利益，有为同学服务的思想和本领，具有较强的组织能力。

（五）关心学校发展，积极参加学校组织的各项活动，认真执行学校的决定和交给的各项任务，在文明建设中起模范带头作用，为广大学生所信任和拥护。

第三条　代表的权利和义务：

（一）依法享有选举权、被选举权和表决权。

（二）选举新一届学生会成员，表决学代会有关决议、决定。

（三）认真履行代表职责，密切联系同学，接受同学监督。

（四）有权监督学生会工作，对学生会干部提出任免和奖惩的意见。

（五）自觉维护同学的正当权益，通过适当的方式代表同学及时向校领导和有关部门反映正当的合理的意见和要求。

（六）遵纪守法，认真学习，起先锋模范作用。

第四条　学代会代表如不履行代表义务或者犯有严重的错误，学生代表大会可以经过讨论决定，通过班级民主审议终止其学代会代表资格。

第三章　校学生会组织

第一条　学生会是经学代会差额选举产生的，是在学代会闭会期间执行代表大会职责的执行机构。

第二条　学生会的职权：

（一）讨论制定学生会工作计划。

（二）检查、监督学生会各职能部门工作。

（三）决定增补、替换的学生会委员。

（四）在学代会闭会期间，做出有关学生会工作的决定。

（五）处理和落实代表提出的各种议案。

第三条　部门职能：

（一）学生会主席职能：全面负责学生会工作，了解掌握各部门工作情况，提出意见和要求；主持召开学生委员会会议和班、级长会议，负责学生会决议的实施；制订学生会工作计划，定期向上级组织汇报工作，并负责上级精神的传达和贯彻；提出学生会干部调整及任免建议。

（二）学习部职责：负责组织开展各项学习活动，提高学生学习兴趣；定期召开经验交流会，了解学生学习情况，听取学生对教育教学工作的意见和要求，并向有关部门反映。

（三）体育部职责：积极创造条件，组织学生开展丰富多彩的群众性体育活动。

（四）外联部职责：负责与校内外有关单位和部门联络沟通，扩大学校影响。

（五）生活部职责：负责管理学生会的财务，了解学生生活要求，及时向学校有关部门反映，并积极谋求解决办法；配合公寓部，做好生活区的自我管理工作。

（六）纪检部职责：负责学生遵守校规校纪的检查和督促，参与校园文明建设活动，维护正常的教育教学秩序。

（七）文艺部职责：负责校内相关文娱活动，组织节日联欢和纪念庆祝活动，组织开展适合学生身心特点的文艺活动等。

（八）宣传部职责：负责校内各项学生活动的宣传，参与学校宣传橱窗布置，组织黑板报评比检查等。

（九）心理部职责：参加心育委员、学生心理咨询员等培训，掌握一定的专业技能。组织学生开展心理健康教育的调查和研究，帮助心理教师搜集、处理相关资料。

具体选举规则和时间另附。

第四章　附则

第一条　学生会的经费来源为由学校团委拨款，经费主要用于支付学生会的日常开支，组织各种活动及表彰先进。

第二条　学生会各组织可自定有关工作制度，但不得与本章程相抵触。

第三条　章程修改需经五分之一以上代表提议并由学代会通过。

第四条　本章程解释权属于学代会，闭会期间由学生会负责解释。

第五条　本章程自学代会通过之日起，开始执行。

校团委
2008年9月20日

请投我一票——学生会竞选

远远的，就看见一群身着夏威夷风情服装的人在卖力地表演，他们头顶花环，戴着造型夸张的眼镜，穿着印有沙滩、椰子树的亮色衬衫和五颜六色的草裙，这群年轻人一边扭动着腰肢，一边大声地呼喊着什么，每一张脸上都洋溢着欢乐的笑容。他们时而围成一个圈，手拉手跳起欢乐的舞蹈，时而拉起身边的人，将象征着热情的花环献给他们——这可不是在美丽的夏威夷海岛，而是南外仙林分校的操场，原来这是同学们在为学生会宣传造势呢！

秋季，是收获的季节，在这样一个充满喜悦和希望的季节里，南外仙林分校又迎来了一年一度的学生会竞选活动。学生会，这是一个对大家来说既有些神秘，又让人向往的团体。

1. 资格认定

每年的10月，高一、高二的同学们都会怀着满腔热情，在候选人登记表上郑重地写下自己的名字。学生会竞选初选，每一位来自高一、高二的同学都有资格报名参加，大家需要在报名表上填写姓名、才艺和希望竞选的职位等信息，等待第一轮的资格认定后，同学们就有资格进入更加激烈、刺激的角逐中了。资格认定后，团委老师召开大会，老师首先祝贺所有候选人，随后向大家说明有关要求：海报的尺寸，宣传册页的分发，宣传的时间，服装以及活动结束后场地卫生整理等方面的细则。所有候选人都必须严格遵循学校相关规则，以保证竞选在有序的状况下顺利进行。

2. 拉票候选

学生会竞选拉票宣传

筹备的过程中,有些同学别出心裁,几对竞选不同职位的候选人自发组织起来,以组合的模式联合竞选。另外一些候选人,有的以海报的独特造型取胜,有的凭借朴实真挚的誓词打动老师同学,有的更是利用废旧床单、报纸等,在竞选同时宣传环保理念。接下来的三天最为紧张激烈,候选人首先有三天时间自行宣传,第三天晚上进行全校的电视演讲,然后由全校同学投票选出晋级第二轮竞选的候选人。在班级中宣传可不像张贴海报或在食堂门口宣传那么简单易行,候选人既要以独特的形式给广大同学留下深刻印象,赢得他们的喜爱,又要绞尽脑汁招架同学们提出的各种问题。

学代会上候选人的才艺展示

3. 电视竞职演说

第三天晚上,电视竞选终于开始了,每一位候选人都身穿准备好的服装,拿着道具,在直播厅外紧张地一遍遍排练。为了这一晚,他们使出了浑身解数,恨不得在这短短的几分钟规定时间里,向同学们展示自己全部的才艺。教室里的同学们也没有闲着,他们一边仔细聆听,一边慎重地比较每一对候选人,抓耳挠腮,好久才在选票上勾出自己心中最合适的学生会成员。次日,结果公布,遗憾落选的同学虽然有些失望,但是他们通过总结经验,明显认识到了自己身上的不足或是宣传中有待改进之处。有幸进入下一轮的同学,既紧张又兴奋,因为这不仅意味着离学生会工作更进一步,也意味着即将开始新一轮更为激烈的角逐。

4. 学代会上竞选

第二轮竞选不再以才艺展示为主要内容,它要求候选人在一分钟的时间内,以演讲的形式向学生代表们传达自己的执政理念,从而赢得同学们的青睐。首先,每班选出四到五名学生代表参与学生代表大会,聆听了候选人的演讲后,这些学生代表将投票选出新一届的学生会成员,大会采取现场唱票的形式,直接公开、透明地选出学生会成员。各组候选人都非常重视这一次的演讲,希望用自己富有煽动力的话语,感染在场的每一位同学,从而赢得选票。候选人不仅要向大家展示出众的口才,更要解读对工作岗位的理解,彰显自己的领导才能。

最后,在全体同学的见证下,经过公开、公正、公平的唱票,新一届学生会成立。虽然,部分同学最终落选,但是他们依然友好真诚地向当选的同学表示祝贺,这一次选举虽然"失败了",但他们却锻炼了自身能力,体会到团结合作的重要性。

学生会竞选演说1

学生会竞选演说2

学生会竞选演说3

选举中,虽然大家为了宣传,嗓子都喊得沙哑了,但是收获了彼此纯真的友谊;选举中,虽然大家也会为宣传方案争论不休,但是却锻炼了全面思考的能力；选举中，虽然大家可能因为自己的失误自责不已，但是彼此却多了一分谅解，相互加油打气。在选举中，没有真正的胜负输赢之分，每一个人都在南外仙林分校这种民主的氛围中受益匪浅，相信这必将成为所有参与选举的同学们人生中一笔宝贵的财富！

仙林溢彩　鹤鸣九霄——鹤鸣文学社

《诗经·小雅·鹤鸣》有云："鹤鸣于九皋，声闻于野。鱼潜在渊，或在于渚。乐彼之园，爱有树檀，其下维萚。它山之石，可以为错。"学校文学社取名"鹤鸣"正缘于此。

南外仙林分校"鹤鸣"文学社成立于2005年6月，是学校的第一个大型学生社团，每年招收社员近百人。在一届又一届"鹤鸣"人的共同努力和细心呵护下，"鹤鸣"文学社经过光阴的孕育与打磨，现已成为学校的品牌社团，为繁荣学校的校园文化建设，打造成熟的学生社团名片提供了成功的典范。2006年初"鹤鸣"文学社社刊《鹤鸣》正式出版，至今出版8期，《鹤鸣》的出版与发行得到了全校师生的关心与厚爱。《鹤鸣》的栏目设置贴近学生，有体悟仙林生活的"与鹤共舞"，有把酒当歌的"诗行者"，有一缕情思、一剪忧愁的"风从指间掠过"，有才子佳人、传奇一颂的"桃花笺"，还有"eternal stop"英文站。行文时而浅吟低唱，抑或荡气回肠，时而笔落行云，抑或豪情万丈，每一篇文章都如行云流水般，饱含作者们真切的情感。征文同时还征集页脚，简短而精炼的文字，蕴含着深刻的人生哲理。《鹤鸣》可谓是文学社的精华与灵魂所在，她为同学们带来的是一种时代的精神，一种对文学的热爱与信仰。

"鹤鸣"文学社先后与南京外国语学校"镜"文学社、宁海中学"春潮"文学社、南京二十九中"石城"文学社、南京十三中"大唐"文学社、南师附校"涛声"文学社、南京一中"崇光"文学社等文学社团结成友好社团联谊，同时还加入了南京市大中学生文学通讯总社，与广大文学爱好者共同进行交流和探讨。至今，"鹤鸣"文学社社员的数百篇习作在各类报纸、杂志、文学网站上发表，同时文学社也培养出一大批校园文学爱好者。

"鹤鸣"文学社还组织各种活动,组织社员外出进行文学采风,了解民俗,感受自然,如明城墙探访,邀请台湾著名作家彭怡萍女士开展讲座。同时还积极参加各种爱心义演活动,展现文学、戏剧风采。如参与学校举办的爱心义演与年度社团巡演,先后编排了音乐剧《寻找爱与时间城》,话剧《霸王别姬》《Alice in Wonderland》《小士兵》,舞台剧《Enchanted》《天鹅湖》等。

"鹤鸣"文学社先后荣获"南京市优秀学生社团"称号、"江苏省优秀中学生文学社"称号,"鹤鸣"文学社所编辑的社刊《鹤鸣》2008年荣获"全国中小学生最佳社团社刊一等奖",2009年荣获"全国中小学优秀校刊评选最佳校刊特等奖"。

南外仙林分校"鹤鸣"文学社多年的坚守与执着,最终得到了广大师生的认可和高度的赞赏。年轻的激情在这里融合,青春的节拍在这里奏响,今天,年轻的"鹤鸣"人将以此为起点,在学校素质教育的校园文化引领下,开创新的辉煌!衷心祝愿"鹤鸣"文学社成为校园里一朵永不凋谢的"奇葩",愿更多的南外仙林人一起共做"放鹤人",让"鹤鸣"九皋,声闻四野。

附:"鹤鸣"文学社社员作品

芦苏同学诗词创作选

自题

正帽应官强敛容,翰林梁梦已如风。
负君相顾人何在,羞我徒痴酒半空。
书少殷勤难附鹤,胸多块垒只雕虫。
无端意气消磨尽,漫指天涯嗟路穷。

鹧鸪天·自酬

管甚新诗且作眠,浮生消得几春闲。
野桥沽酒无人见,潦倒青莲病稼轩。
看燕燕,又年年,一时微雨立秋千。
无端莫向华胥梦,忍把相思寄枕边。

鹧鸪天·代人赋

常羡瀛洲琢玉郎,偏逢京口点酥娘。
从来天上无双艳,独占人间第一妆。
眉黛浅,酒晕长,自将愁绪付笺行。
相思纵是无凭语,莫遣刘郎空断肠。

鹧鸪天·再赠

花映萧娘柳映楼,彩云遮月燕低头。
淡眉未染丝丝恨,珠泪新看点点愁。
离别意,两三瓯,负卿底事苦淹留。
一樽潦倒吟风月,认醉吴淞话旧游。

鹧鸪天·有愤

沽酒平添一段愁,文章何处哭神州?
纵横策马西榆塞,谈笑凭阑北固楼。
千万恨,到心头,分明零落一身秋。
封侯或已非吾事,且效刘伶醉死休!

郝筱雯老师点评:有诗意,有诗味,显示了良好的古典诗歌的功底。有生活,有思索,显示了良好的驾驭语言的能力。在"白以为常"的今天,"文以应变"也颇可提。

长歌行
——致我们敬爱的青春
高三(4)班 沈梦婷

夜雨萧飒意阑珊,紫苑凄诉故人行。
辞令唯恐节律短,一曲歌行怨谁听。
虽欠太白三分志,不逊义山半点情。
夏凉寒弥衾不暖,长恨吟罢泪沾襟。
转念忆余童稚时,呱呱小儿先言志。
儿龙女凤风犹在,师友妒慕亲眷喜。

总角垂髫灵初显，过目诗赋口中念。
仲永自为书四句，恨余不生洛阳年。
入塾方结金兰好，诗画琴影梦中现。
闲来歌罢诗停云，聚散强为赋新篇。
稚齿犹在韶华尽，怎堪花零空悲切！
金钗初尝离别意，舞勺如识天外仙。
不食烟火逃世事，不喜不悲解尘结。
豆蔻未雕通人意，笋松簪落青丝散。
二八仍觉红尘小，星夜荏苒连浩渺。
梦归孩提志未成，惊坐惟见月光皎。
叹余十年忘初心，鸿鹄栖途翼长成。
负才不用空伤悯，不见终南怨天人！
稚气未脱气已尽，行囊易背路难行。
不踏天涯怎有意，未谙人情怎得情？
若非一日与君期，不知哪年复行吟。
痴情总被痴情扰，归心不曾怨归心。
残花瓣落春犹在，何必悲愁香凄凄？
泥尘亦知落红意，匿藏伤心映繁星。
自知细雨牵情愫，暗喜梅雨终未至。
高阁依旧人不再，青鸟于飞空展翅。
鱼龙羡煞燕双飞，雀鸟更盼嬉游乐。
人生得意莫如是，强愁年华须尽欢。
碌碌悠悠十七载，未得弱冠先诉情。
青春不再景常在，仰天胡作长歌行。

谨以此献给我们的青春岁月。

小荷才露尖尖角——小记者团

南外仙林分校小记者团是由校长办公室（宣传）领导下的学生宣传队伍，肩负着校园新闻宣传的重任。自 2012 年学校小记者团组建以来，注册学生记者人数超过 600 人，同时成立了 6 个媒体记者站，目前是校园里规模最大的学生社团之一。

记者团的成员来自不同的学部(小学部、中学部、国际部),均是热爱新闻写作,具有一定的写作能力,对宣传报道工作具有热情,工作积极主动、认真踏实的在校学生。记者团成员录用采取个人报名,班级、年级推荐,学部考核相结合的办法。记者团成员的主要任务是:密切关注同学们关注的热点话题,提供各种新闻线索,及时采写学校发生的新闻事件,推荐同学的优秀稿件,及时了解同学、家长、社会对学校宣传工作的看法,协助记者团负责老师共同搞好对内、对外宣传工作。记者团每月定期由各学部召开小记者团例会,由记者团负责老师主持会议。例会明确当期学生记者的采访任务和要求,根据宣传报道计划,积极提供各种信息。

学校每学年均会邀请知名的新闻媒体记者、编辑来校讲学以提高学生的新闻素养。每学期至少举办一次消息、通讯、言论、摄影等新闻方面的培训或讲座,定期召开座谈会,沟通情况,交流写作经验。邀请知名记者担任记者团指导老师,同时还推荐优秀稿件给各大媒体进行发表。

学校也制定了小记者团成员的相关管理制度和条例。如:要求每个小记者每月投稿不得少于4篇(包括推荐同学的稿件),作品体裁不限,诗歌、散文、新闻、作文、小说等等均可,成员在一学期投稿不足12篇者,将按自行取消记者团成员资格处理。根据记者团成员的工作情况,学校每月向年级组反馈一次各班级的来稿和用稿情况,每学期评选一次校级"优秀通讯员""优秀新闻稿件""优秀宣传班级""优秀宣传年级",发放证书并给予奖励。评选标准从投稿量、用稿量、传递信息量、宣传的社会影响度、刊登媒体的层次等方面综合考虑。

近年来南外仙林分校为了获得媒体专业记者的指导,先后成立了扬子晚报小记者站、南京晨报小记者站、南京日报小记者站、东方卫报小记者站、龙虎网校园记者站、现代快报小记者站。每次小记者站设立都会举行隆重的授牌仪式。学校还聘请专业的媒体人如龙虎网记者洪丽、《扬子晚报》资深教育记者王璟等担任记者团的指导教师并为小记者开设专题讲座,与学生共同探讨校园文化、教育改革、学生生活等方方面面的话题,并指导相关新闻的写作。学校也会不失时机地为各大报社推荐优秀的学生记者参与报社的采访和撰稿。

同时,学校还积极与江苏卫视、南京电视台、中新社、江苏新闻网等电视媒体和网络媒体开展合作,为小记者锻炼能力提供平台。在校内学校也安排小记者积极参与校报《南外仙林报》、校刊《在水一方》,以及学生文学刊物《鹤鸣》等的编辑工作,目前已经培养出了一批综合素质高、团队能力强的金牌小记者,他们在各大媒体上均能一展身手。

通过数年的努力,南外仙林分校在小记者团的建设上取得了长足的进步,逐渐打造出了一个品牌化的社团。

东方卫报小记者站授牌

南京晨报小记者站授牌

南京日报小记者站授牌

全校小记者合影

扬子晚报小记者站授牌1

扬子晚报小记者站授牌2

学校优秀宣传工作者合影1

学校优秀宣传工作者合影2

开拓国际视野，增强国家意识——模拟联合国协会

"Realizing the importance of human's health and the balance between eco-environment and agriculture, the United Mexican States calls for the attention of the international society in that only if all nations adhere to scientific and sustainable development in genetic modified techniques will it benefit the people all over the world authentically and effectively."

　　这是 2012 年 1 月南外仙林分校学生周信东代表墨西哥在美国的哈佛大学参加世界中学生模拟联合国活动中的发言。

　　为培养学生的外语特长，开拓学生的国际视野，增强学生的国家责任意识，2010 年 3 月在学生处王海韻主任和教学处郝晓雯主任的指导下，南外仙林分校成立了模拟联合国协会。协会在每届高一新生中通过报名选拔的方式，选取素质较好的大约 40 名学生参与训练，组成训练营，由英语、历史和政治学科的四位指导老师负责训练营的课程。2011 年 9 月，模拟联合国活动正式纳入学校选修课的课程。

　　几年来，南外仙林分校共有 100 多位学生参加过校外或校内的各种模拟联合国实践活动。学校代表分别参加了北京大学举办的全国中学生模拟联合国活动，复旦大学举办的全国中学生模拟联合国活动，上海外国语大学举办的上海模拟联合国活动，南京外国语学校举办的南京模拟联合国活动和金陵中学举办的汇文模拟联合国活动。分别获得最佳新学校奖、最佳代表奖、最佳表现奖、最佳立场奖、最佳阐述奖，等等。

模联社社团活动

　　模拟联合国的议题囊括了国内、国外自然、社会等各个领域的内容，促进了同学们对本国以外的广大世界的了解、关注，开拓了国际视野。中英文语言表达能力、写作能力、团队合作能力、领导力等综合能力的锻炼使模拟联合国活动较其他活动更能体现并提升参与者的才智。近几年来，南外仙林分校的模联社团不断成长,通过各种训练和活动,为学生提供了更多的发展机会和交流平台,拓展了交流空间。

1. 模联大事记

2012年7月21日至25日,在江亚平老师的带队下,来自原高一(5)班的邓明铭和韩梦虞、原高一(4)班的李昊宇代表学校第一次参加了在上海举行的为期五天的复旦大学国际中学生模拟联合国大会。

南外仙林分校的代表们熟练地用英语交换彼此的意见,偶尔遇到不合之处,便大胆地提出,与对方展开激辩,直至面红耳赤仍不肯罢休。通过一系列的妥协和磋商,仙林的参赛者们用自己五天时间的努力,换来了应得的荣耀。

虽然南外仙林分校是第一次参加复旦大学活动,但复旦组委会对三位代表给予充分肯定,邓明铭、韩梦虞获得杰出代表奖,李昊宇获得最佳演说奖。通过这一次的模拟联合国大会,三位代表都成长了不少,学会了课堂内无法懂得的知识。模联活动给了仙林学子们一个更高的平台展现精彩!

2012年10月7日南外仙林分校举办的仙林模拟联合国大会圆满落幕。来自合肥市第一中学、浙江省慈溪中学、河南大学第一中学、苏州大学、南京师范大学、杭州电子科技大学、金陵中学、南京外国语学校、中华中学等全国各地20余所学校的中学生与大学生代表齐聚南外仙林分校,共同参与了本次模拟联合国大会。

本次大会分为四个会场——联合国气候大会会场、联合国粮食及农业组织、联合国人权委员会、联合国安全理事会,分别就《京都议定书》第二期谈判、转基因食品的污染和垄断、非洲难民(关于卢旺达屠杀)、伊朗核问题(关于铀浓缩浓度)四个议题展开磋商和讨论。

代表们遵循大会规则,在会议主席团的组织下,通过演讲阐述"自己国家"的观点,为了"自己国家"的利益进行辩论、游说,并与友好国家沟通协作,解决冲突,促进"国际合作"。

2013年2月7日至20日,来自南外仙林分校高一的李宇扬、穆雨彤、周昊楠等16位学生参加了在美国华盛顿举办的第五十届北美国际中学生模拟联合国大会(50th North America International Model United Nations)。16位同学代表不同的国家,分别参加了联合国裁军与国际安全委员会、世界卫生组织,国际足联组织委员会等9个不同的委员会。

在四天的紧张会议中,同学们大大提升了英语的听、说、读、写能力;通过所代表国家的立场与位置的转换,感受到公民对国家和社会应当担负的责任;在与2 000多名来自不同国家的代表的交流中,开阔了视野,增长了见识、增进了友谊。在这个全球历史最悠久的高中生的模拟联合国盛会中,他们也让世界了解和认识了南外仙林分校。

2. 社员感悟

有关模联的所思所想
高二(5)班 韩梦虞

参加模联的时间不算长,只有一年多的时间,但这短时间的模联经历实在是令我受益匪浅。前前后后经历了上海外国语大学模联、哈佛模联、南京师范大学模联、复旦模联,最近一次经历是作为粮农组织的主席参加仙林模联。

参加复旦模联的经历令我记忆犹新。那时作为一个高一学生,刚刚接触到模联,我十分激动。因为模联会场是一个培养能力并展示风采的舞台,在这里,我们代表不同的国家,阐述着不同的观点,这是智慧与智慧的交锋。同时,模联对与他人的协作能力也有很高的要求,权衡利弊,有进有退,这正是模联留给我的第一印象。

复旦模联可以说是中国最高级别的模联会议。随着会议进程的深入,各个代表之间有了更多的了解,我逐渐融入了会场,并敢于上台阐述自己的观点。我们所在的委员会实行双委员会制,围绕卢旺达问题,从联合国开发计划署(UNDP)过渡到联合国难民署(UNHCR)。因为牵扯到种族问题,各个国家利益关系更为鲜明,会场氛围也紧张起来。我与搭档共同代表布隆迪,以卢旺达邻国的身份,与欧美各国磋商。搭档给了我很多正确的建议,我们更多地听取他人的意见,并传达本国的心声,而并非一味地以一个集团利益为中心与他人对峙,这也不失为参加会议的一种有益的方式。不断出现的局势更新测试了我们的临场反应能力,我们也与主席进行了有效的沟通。最终功夫不负有心人,我获得了Best Style,并且和搭档一起拿到了杰出代表(OD)的奖项。

这次复旦模联是很独特的,我着实是收获不少。与搭档的合作也更加得心应手。

模联让我学到的不仅是技巧,更是如何当好一名代表。参加模联的初衷是要让自己得到锻炼,能力得到提高,作为一名代表的初衷应当是为国家利益说话,而不是为了奖项。不伪装,不做作,正是一名好的代表应该具备的品质。对于我来说,最重要的是参与模联会议的过程,而不在于任何的结果。

有的朋友曾经质疑过——参加模联对于中国高中生有什么实际的意义?其实这很简单,用心地扮演,努力地争取,同时展示自己的风采,这就是模联给我带来的最大成长。

"IT Dream 社"——计算机爱好者社团

为了尊重学生个性发展,充分发挥学生的主观能动性,自2003年起,南外仙林分校信息技术教研组就策划、创建了计算机爱好者社团,内容涵盖电脑绘画、电脑动画、电子报刊、网页制作、程序设计、机器人探密等多个方面,把课堂教学延伸到课外,给所有渴望展示自己才华,锻炼与提高自我能力的同学提供了一个舞台。

1. 良好的开端是成功的基础

社团成立之初:为了使社团活动有个良好的开端,指导老师负责组织招收新社员,并定期进行社长、社员培训,充分调动每一位学生的积极性及团队合作精神,指导学生确立社团活动宗旨,督促指导学生制定活动计划及内容,并指导社团虚拟了一个软件开发团队,分为前台页面组和后台技术开发组,前台页面组负责基于 Web 的软件界面的制作,而后台技术组则负责根据需求编写 asp 程序和后台数据库,从而为前台界面提供技术支持。这样一个虚拟团队完全是依据真实软件公司的形式构建的,学生们需要在这个虚拟团队中扮演程序员和美工人员,逐步锻炼将学校中学到的计算机知识转化为在工作岗位上实际应用的技能的能力。基于这种考虑,信息技术社团前台技术组和后台技术组分别活动,并各自承担一部分工作,最后由两个技术组之间的联络人员将前台页面和后台程序结合起来,完成最后的软件开发。在实施过程中,为保证活动落到实处,定期进行检查,督促社员认真填写社团活动表及核对计划完成情况。

2. 狠抓社团促竞赛,社团、竞赛两相长

社团成立之后:在组织实施时,为了弥补每周仅有两小时的社团活动时间的不足,指导老师将社团与选修课相结合,并与课堂分层教学相互补充,一些社团活动中遇到的技术难点,在选修课中加以辅导。

为了使社团活动有趣而有益,指导老师还将社团活动与作品创作、计算机竞赛紧密结合,鼓励指导社员积极参加各种计算机竞赛,将社团活动中学到的知识和获得的经验用于竞赛。自"计算机爱好者"社团成立以后,学生学习热情倍增,在"全国中小学电脑制作竞赛""江苏省青少年信息学奥林匹克(Pascal 编程)竞赛""江苏省青少年奥林匹克信息技术应用竞赛""全国中小学信息技术创新与实践活动""南京市中小学机器人竞赛"等竞赛中屡创佳绩,获得国家级奖项 5 人,省级奖项 114 人,市级奖项 185 人。

竞赛取得的成绩大大激发了学生的斗志和成就感,学生主动学习知识的积极性明显增高,自主探究、合作的意识增强了,学生的个性也得到了张扬,学生更加热爱社团活动了。

3. 以"点"带"面",组织筹办"科技节",形成科技特色

在指导学生社团的同时,指导老师以"点"带"面",认真筹备办好学校每年一届的科技节活动,围绕校科技节主题"科技融入理想,创新点亮未来"开展三项活动:"感受科技、鼓励创新——电子海报、网页制作活动""神奇的机器人现场组装比赛""电脑DIY组装比赛",让学生学有所用,体验到成功的乐趣,并通过进一步了解机器人的神奇,揭示计算机的奥秘,展开理想的翅膀在科技的天空里遨游。

4. 社团活动硕果累累

(1) 除了在各类计算机竞赛中获奖外,社团还组织爱好网页制作的学生,开发建立了"电子文学期刊"网站,收录学生学习、生活的所思所悟,每月更新,并将之挂在公网上。这一网站深受学生喜爱,参与投稿的学生也越来越多。

(2) 软件开发团队中,通过活动,前台技术一组也根据后台技术组的程

序编写进度构建了基本页面框架,并确定了功能框架,为后台开发确定了开发道路。前台技术二组则通过活动基本制作出了信息技术社团主题网站,并分别制作了社团介绍、前后台技术组社员介绍等内容,基本具备了开发团队主题网站的面貌。下一步,社团网站将在学校网站上进行链接,对社团进行宣传。实例开发活动相比起课堂内容来说要复杂很多,对学生却是一种很好的锻炼。

(3) 除此之外,指导老师还指导学生完成校获奖作品的收录、整理、刻盘制作工作,通过对获奖作品的收录、整理,吸引更多学生参与到社团中来。

(4) 计算机爱好者社团社长荣获"南京市优秀社团社长"称号,指导老师获"南京市优秀辅导老师"的称号,同时社团还代表学校于 2009 年、2011年获得南京市青少年网络文明夏令营优秀营地、优秀辅导老师称号。

(5) 2009 年,指导老师指导学生创作了《学生电脑制作优秀作品集——高中 farsee 电脑爱好者社团》,记录了历年来学生取得的成绩和作品。

社团活动 1

社团活动 2

多元文化融通生长的乐园——中美文化交流社

社会生活的信息化和经济的全球化,使英语的重要性日益突出。英语作为最重要的信息载体之一,已成为我们生活各个领域中使用最广泛的语言。许多国家在基础教育发展战略中,都把英语教育作为公民素质教育的重要组成部分,并将其摆在突出的地位。南外仙林分校更是把英语作为学校的特色,追求培养具有国际视野的现代化学子,达成学习多元文化与价值的目标。而中美文化交流社不仅让学生更近距离地听到纯正的美式口语,提高自身口语表达能力,更多的是使学生在整个社团活动中深切感受了中美两国之间的文化、思想差异。

中美文化交流社,顾名思义,是中国文化和美国文化的交流,因此,社团有来自高一年级各个班的同学们,还有来自国际语言组织(International Language Program,ILP)的外籍教师,在沈一飞老师的指导下,社团活动非富多彩,也越来越受大家的欢迎,不断有同学申请加入。

中美文化交流社活动分为校外活动和校内活动,每周一至两次的校内活动使同学们忙碌而紧张的高中生活变得丰富多彩。除了特色主题活动——中国文化体验,如汉语学习、书画体验、武术学习等,社团的其他活动轻松而愉快,同学们可以讨论任何他们感兴趣的话题,比如 favorite singer, games in US and Chinese, how to spend our holidays 等,在社团活动时间,同学们教外教踢毽子、打乒乓球,外教们教他们掷飞碟、玩 UNO、做游戏……真正做到了中美文化的交流。社团还利用周末或节假日的时间进行校外活动,如游玄武湖、爬紫金山、唱 KTV……作为小主人,社团的学生为外教们介绍南京的特色文化、中国博大精深的传统文化以及迅速发展的当代中国风貌。

在社团中,经过了将近一年的交流,同学们明显感觉到自己的英语口语能力有所提高,语言的应用更加地道,中国式英语渐渐消失了。同学们不再只局限于中国式娱乐,也学会了各种 UNO 的玩法,更加深入地了解了美国人的生活和交际活动。他们不再只是 good good study, 而是学会了 alternate work with rest。每学期的外教都有变换,因此同学们在结交更多外国朋友的同时,也和之前的外教们保持联系。

| 媒体报道 | 第一届中美文化交流社成员合影 |

| 中美文化交流社户外文化体验活动 | 中美文化交流社圣诞庆祝活动 |

附一：社员感言

我们学校的中美文化社团非常有趣！我们可以从中学到许多东西，可以提升自己的英语水平。这个社团真的是名副其实！每周我们都能和来自美国的外教们一起通过各种活动开展文化交流，每次都会有一个文化主题，会围绕这个主题展开对话和展示，并做一些游戏。除此之外，每学期我们还会组织校外活动，深入社会，体验文化，融入自然，注重沟通，每次活动都非常充实，社员们都很珍惜这样的机会。非常感谢能加入这样的社团，让我收获了许多。你们也来加入吧！

——By Apri（王沁宇）from Class 5，Grade 10

在上学期开始的时候，我加入了中美文化交流社。我加入它的原因很简单，就是想跟外教多交流,提高自己的英语口语的水平,并借机了解一下美国的文化。我们的社团活动在每周二的中午,在短短的40分钟里我们和外教能聊很多,在一开始的几次交流里,在前20分钟里我们用英语聊近况、梦想和各自国家的音乐、教育、文化、美食等;在后20分钟里外教会问我们一些中文词汇,我们也会很耐心地去解释,或者外教会问我们关于在中国的一些见闻。我们和外教们都度过了一段美好的时光。我们不仅仅在学校里有交流,在周末的时候,应外教要求,我们和外教一起去玄武湖进行春游,我们在一起划船,打羽毛球,玩飞盘。那段时间里,我们忘记了国界、语言的差距。虽然只有短短的一学期,但是我们已经建立起了深厚的友谊。

——By Kevin(李宇扬) from Class 3,Grade 10

作为文化交流社的一名成员,我非常荣幸能够认识到这些有趣的外国朋友,和他们交流我受益匪浅。我们的社团活动是在每周二的中午,大家一起围成圈坐在软软的绿草地上聊天,沐浴着金色的阳光,头顶是湛蓝湛蓝的天空。在我看来,社团活动是极其享受的。每次的交流都是围绕一个主题,大家用英语进行交流讨论,各抒己见。记得在第一次的活动中,外教朋友们带着我们做了一个很有趣的游戏,帮助我们记住所有人的名字。在这个过程中,我们不仅锻炼了口语表达,还提高了我们的思维能力。最重要的是能够了解到中美文化的差异,学习他们的文化,并且把我们的文化习俗介绍给他们。

——By Silvia(王雪媛) from Class 5,Grade 10

本学年,我参加了沈一飞老师指导的中美文化交流社。现在总共有十位学生和七位外教参加。中美文化交流社是一个"双赢"的社团。对于我们学生,参加这个社团可以提高我们的英语口语能力,而且加深对国外文化的了解;对于外教来说,这是一个适应中国文化、学习中文的好机会。每周二我们社团有固定的校内活动时间,除了校内活动,我们还经常开展校外社团活动。在这个过程中,我了解了外国人的行为方式。记得在玄武湖进行文化体验时,我们作为"东道主",本想承担游船的费用,但是外教们还是硬要把钱给我们。滑稽的是,他们给多了,发现后,他们毫不犹豫地一把抢过我们手中的钱,抽出多出的钱后,又从容地还给我们!外国人就是这样吧,坦率真诚!国人这方面有时候就比较虚伪了,不是为了要面子而不吭声,就是找各种各样的借口。中美文化交流社是一个能提升语言能力、了解文化差异、结交朋友的优秀社团,欢迎更多的同学加入我们。

——By Pool(徐天元) from Class 3,Grade 10

在高一学年中,我有幸成为中美文化交流社的一员,有了很好的机会与外教进行交流,在社团活动中,收获颇丰,不但自己的一些技能得到了锻炼,也学到了许多外国文化与新的知识。技能的提升,最为明显的应是口语表达能力,从刚开始时还有些不连贯地表述,到现在流利地交谈,改变是明显的,同时也要感谢外教的热心帮助与严谨的纠正,才让我有了这样长足的进步。其次,应该是组织与协调能力,我们与外教一起去KTV,去游玄武湖,少不了对人员的协调,大家在一起组织与参与的过程中,团队精神与组织能力得到了很大的加强。在锻炼自己的同时,我也从外教那里获得了许多知识,无论是上一届的Grant一行,还是这一届的索伦一行,都十分健谈,乐于了解中国文化,也喜欢向我们介绍外国文化。我从他们那里确实学到了许多,对于外国的礼仪风俗与流行文化,以及他们对中国的看法都有了更深的了解。

——By Wolf(张荣政) from Class 5, Grade 10

附二:外教感言

I think it is amazing that we have the opportunity to get together with some of the older students here at the Nanjing Foreign Language School, Xianlin Campus. It's been fun to get to know them. They've taught us things about China that we couldn't have learned any other way. We had a great time going to KTV and singing our hearts out. They are hard-working students and they are great English speakers. They make me wish I knew more Chinese! We are excited to do more things as a group before the semester ends.

——By Emily Barker, ILP 外教组长

When I found out that I could be a part of a club where we could exchange cultural differences, I was so excited! One of the main reasons why I came here to China was to learn about the amazing culture here and how it was different from the American culture. With this club, I can find out all about China. It's so interesting to hear about the perspective of Americans from the kids in the club too. So far we've gone out to the lake in Nanjing with our group. We had so much fun with them! Thanks to them we were able to get a couple of paddleboats and go out onto the whole lake. This weekend we plan to go to KTV with them and to have a great (and hopefully delicious) dinner with them too. I think this group is so beneficial for all members in the club. Americans get the opportunity to ask as many questions as we want and to make good friends, and the

Chinese natives get to practice their English and learn more about our culture. I think there are a lot of misconceptions that we might have about each other's cultures. With this club, we can know more about each other and know what is truth or not! I'm so excited to be at this school. I couldn't have picked a better place to be. I love it here! I'm so thankful for everyone who has helped us in any way here so far. The people here in China are so nice and giving. I will never forget my time here.

——By Maddie Becker, ILP 外教

舞动青春，炫出活力——B-Mus 街舞社

一间宽敞但略旧的教室，一面有时脏兮兮的镜子，一组时而失灵的音响，一扇常常被锁的木门——就是这样的一个舞房，它的地板经常被汗水淋湿，它的空气中时常回荡着激烈的节拍，它的墙上留下了每一个爱跳舞的孩子的印迹，它承载了每一个爱跳舞的仙林人的梦想。每一个热爱舞台的仙林舞者都会把这里作为梦想的码头，歌舞青春的汗水，捍卫街舞社的责任与荣耀。这就是南外仙林分校 B-Mus 街舞社，一个属于爱跳舞的仙林人的地方。

1. 社团简介

2006 年，何安若、李天歌带领着一群爱跳舞的同学们第一次组建起了属于学生自己的街舞社团——南外仙林街舞社。而它的名字一直到第二届街舞社才确定下来：B-Mus，音乐学士的意思，一个与众不同的社团名称。

随着舞社成员的努力，街舞登上了学校的各种舞台，艺术节的汇演，爱心义演，社团汇演，篝火晚会，体育节的开幕式，都有街舞社的身影。不仅如此，在 2008 年，街舞社第一次自己开辟了舞台，举办了慈善义演以筹集善款来帮助社会。舞团是一个团结、积极、向上的优秀社团。令人欣喜的是这个舞台得到了学校的肯定和同学们的支持，每年都如期举办，延伸着街舞的魅力，同时也传递着仙林人的爱心。

街舞社社团训练中　　　　　　　街舞社社团活动

街舞社社团表演1　　　　　　　街舞社社团表演2

街舞社社团表演3

2. 街舞社指导教师(刘洋)寄语

担任指导老师以来,我个人感受是在学校里一个好的社团需要的是一种凝聚力,社团本来就是比较松散的学生自发组织,那么活动的成功举行在于同学们的精诚团结,只有大家齐心协力才能把活动搞成,只有把活动搞成功才能聚集更多的同学、聚焦大家的目光,进而扩大影响力,吸引更多的同学参与,这渐渐在学校中已成为一种良性的循环!

几年里舞社有笑声有哭声有争吵有和谐,各种景象都有,争吵是为了一个动作一个配合,哭声是为大家辛苦训练而换来的赞扬而感动,笑声是大家跳累了坐一起互相挤兑而发自内心的笑……每一个社团都有它不为人知的一面,里面的酸甜苦辣只有社员才清楚。大家看到的可能是最光辉的一面——舞台上的社员们精神奕奕,动人的舞姿,丰富的表情,却不知道底下我们付出了多少努力。没有一个成功是偶尔发生的,我们的也不例外,都是通过孩子们一点点的累积训练而得到的,一句话:一分耕耘一分收获。

我们爱跳舞,爱音乐,更爱仙林;爱搞笑,爱表演,更爱在舞台上放飞梦想。岁月让舞社渐渐成长,台上我们张扬个性,台下我们挥洒汗水,才有了今天这个缤纷灿烂青春洋溢的社团。希望我的社员们越来越好。

附:社员眼中的 B-Mus

不知不觉中,进入舞社已经一年多了。从当初抱着试试看的心情报名参加,到现在真正爱上这个优秀的团体,我们经历了许多,也成长了许多。街舞社给了喜爱舞蹈的我们一个自我提升和展示的机会。在这里没有人会嘲笑你,有的只是一群热爱跳舞,更充满热情的姑娘。一起上课,一起练舞,一起挥洒汗水,一起为了舞社的荣誉而共同努力着。我相信在今后的岁月里,当我们回想起在舞社的这段经历,所有的人都会很自豪地说:我们是最棒的!

——高二(2)班　林子悦

跟着街舞社参加了许多活动,刚开始紧张怯台,后来虽然不能说从容自如,但也没之前那样紧张了,原本害怕与人打交道的我,遇到不熟的人也能打招呼,说说话了。我爱我们的街舞社,就算以后会离开,我还是会一直关注着、支持着街舞社,也希望街舞社越办越好。

——高二(2)班　张帆

在街舞社,很开心,认识了很多新朋友,也成长了许多,收获了许多。收获最多的便是学会了自信。练舞时盯着镜子中的自己,上台时坚定地盯住一点,眼神不漂移。站能站得出气场,跳能跳得出霸气。每一次登台表演既兴奋也紧张。舞台上跳舞时感觉真好。每当舞台上灯光亮起时,当跳完舞得到很多人肯定时,大家都会很兴奋,努力没有白费。挥洒汗水,收获喜悦。我相信在大家的努力下,街舞社的明天会更好。

——高一(3)班　包安若

跟着专业老师练舞,我们也从刚开始的一窍不通变得有所长进。在刚刚过去的艺术节,我们第六届街舞社终于完成了"汇报演出",我们有压力,又不安,我们笑过哭过,最后超常发挥交出了对我们来说最完美的答卷!我的舞社生活结束了,想想有些哽咽,我们在舞房地上跌爬滚打,不知不觉大家都变成了战友,都是好姐妹,遭受打压时大家一条心共同渡过难关,很是感人。或许我们不是舞技最好的一届,但我依然相信我们是最棒的!

——高二(4)班　刘一诺

从小学时开始接触街舞,高中时抱着对爵士舞的喜爱我加入了街舞社。Lily老师的专业指导也激起了我对街舞更深的热爱,每天都希望能去练舞。到后来当了社长,虽然是意料之外,困难颇多,但也走完了一年的舞社生活,如果说人生中找到一件自己喜欢的事情很重要,那我想很开心地说我找到了,这要感谢一年的舞社生活。未来一年半学习压力会很大,跳舞会有暂停,但我不会在跳舞的道路上停止不前,我会坚持下去。

——高二(4)班　张馨月

这里有泪水有悲伤,有欢声有笑语,依稀记得,社团展示是第一次登台表演,还记得那时的紧张、憧憬。为了一次演出,短短一分多钟,却排练不下几十遍。第一次体会到什么叫"台上一分钟,台下十年功"。上课时也会情不自禁地扭下脖子、甩下膀子,说"着魔"也不为过。我们也为队形、动作而哭泣过,但每次成功表演过后,大家脸上是止不住的笑容。一次眼神交流,一个手势,都是鼓励。街舞社是教会我成长的地方。我爱这里。

——高二(1)班　王心蕊

每次的训练都十分辛苦,即使是大冬天,只穿一件单衣的我们也是大汗淋漓,即便如此,社友们依然热情高涨,他们脸上的微笑总是鼓励着我,让我重新点燃信念,再苦再累也会坚持到最后。街舞社是一个团体,想要为同学们献上两分钟精彩的演出需要我们长时间的努力。开学以来,从社团峰会到义演,再到艺术节,我充分地体会到了大家心中强烈的集体荣誉感。在未来的日子里,希望能与社员们一同努力,继续为大家带来视觉的震撼!

——高一(4)班 吕一阳

俗话说,台上一分钟,台下十年功。无论是江南Style还是Bout ta' bubble,都倾注了我们的心血。辛苦和汗水都是值得的,受到一致好评的演出让我们心中充满了满足感。街舞社平日的训练中我认识了很多的新朋友,在收获友情的同时,我更学会了磨平棱角去配合、迎合其他人的动作。街舞社总是充满激情的,激情四射的社团和排练总会让人舍不得离开。在社团招新的同时,我在心中做出了一个决定,下学期我还要留在街舞社。

——高一(3)班 尤佳展

塑造未来社会的商业精英——国际部金融社

国际部金融社于2012年3月初,由南京BIC商赛社团协助成立。在短短一年多的时间内,由一个不到三十人的"微社团"迅速发展成为拥有社员一百多人的核心社团,进步之快,可见一斑。

金融,这个词大家可能听起来熟悉又陌生。自2008年金融市场大萧条后,"金融"这个词频繁地出现在报纸、电视等各式传媒上;但大多数同学对金融的接触和了解还只是寥寥。摆在眼前最迫切的问题是,不少同学将来要走出国门,去澳大利亚完成大学学业,而在这之中也不乏同学将墨尔本商科作为目标。但中国的学生相比国外,基础知识较扎实,实践经历却不足。因此,南外仙林国际部金融社应运而生。

明确的目标是成功的必备条件之一。而金融社的目的向来明确——联合高中生,在南京地区大力推广商业模拟挑战赛,提升南京地区高中生的商业素质以及商业能力,塑造、锻炼未来社会的商业精英,为"出国党"及参加高考的同学提供宝贵的经验和经历,让他们在商业模拟挑战中,提前了解商业的精彩与残酷,丰富其实战经验。而这正是很多高中生所欠缺的。

正所谓"工欲善其事,必先利其器",一个发展健全的社团还要有一个既能令人印象深刻、美观大方,又能展现社团特色的标志。金融社特邀专人设计社标,将金融社(Finance Association)简称FA与中国古钱币(圆形方孔钱)巧妙并完美地融合为一体;黄色与蓝色代表热情与镇定,是金融学家们必备的素质,而这恰恰也是金融社一直以来所倡导的。

金融社团招聘

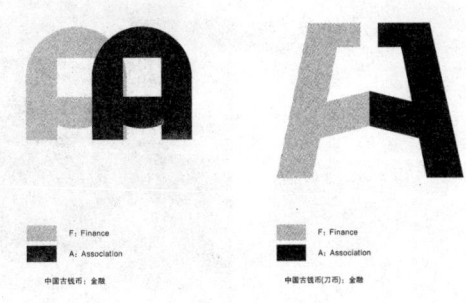
金融社社徽

当然,仅仅是明确的目标与具有象征意义的标志还是不够的,最重要的是领导班子分工细致、明确。社团共分为总务部、外务部、社联发展部、学术部与宣传部五个部门,总务部负责保管经费与社员档案;外务部负责场地的申请与人员的通知与联络;宣传部则是负责跑班宣传与活动的记录;社联发展部作为社团与外界的纽带,要定期提供活动方案并解决经费问题;而学术部则需要展开与金融相关的学术活动,如专人演讲与定期的内部讨论会活动等。各个部长各司其职却也互相协助,社团发展成今天的规模与他们有着密不可分的关系。

自成立到现在,社团共策划并举办过四场内部讨论会,分别为——"PPT 的魔力""三寸不烂之舌——论说服技巧""学生会竞选,我们势在必得!""Accounting 的体验",并邀请清华校友为社团成员做内部讲座,让大家了解 Teamwork 的重要性。金融社还与汇丰银行合作,为新一批的社员们提供了一次为期两天的汇丰银行实习活动。很多社员在参与过活动后都感触良多,纷纷表示活动时间太短,希望社团举办更多这类的活动。

汇丰银行活动合照

今后国际部金融社会联合南京更多金融组织,举办更多有意义的活动,来满足社员的渴求。

1. 金融社大事记

南外仙林金融社,2012年3月由中美班张智创立并任社长。4月由VCE刘思雨接任社长,窦琪、郭启嘉担任副社长。金融社共招募了约100名社员,其中包括社长及部长10余名。金融社主旨是为社员们介绍金融知识,举办社交舞会、模拟商赛等活动,并由此锻炼社员们的交际、策划、组织等能力。成立以来,金融社主要举办的活动有:4月"肢体语言,征服的关键"主题讲座(By:金融社学术部),5月"MBA,你不知道的那些事"大型讲座(By:清华校友),6月"PPT的魔力"主题讲座(By:金融社学术部),6月"星空"主题舞会(与BIC商赛社团联合举办),9月新学期招新面试,9月"学生会竞选,我们势在必得!"主题讲座(By:金融社学术部),10月"Accounting的体验"主题讲座(By:金融社学术部)。

2. 社员感悟

汇丰银行体验日感想

这是一次难得的机会,我们进入南京汇丰银行开始了为期一天半的体验。如果用三个词概括这次体验,我想用丰富、愉快以及难忘。

虽然时间短暂,但被利用得很充分,各类活动一环接一环。参观,了解,小组对抗,锻炼信息提取能力,小组合作的 presentation……这些活动丰富了我们的生活。

愉快是基于活动之上的。我们被分为两组,在进行活动时,每个组内各有分工,获胜的话会有满满的自豪感与成就感。这种形式的活动是令人愉快的。

难忘是指结果。结束后我们许多人都认为时间太短,期待以后还可以有这样的机会。

——中澳班 11C 班　巩碧莹

在汇丰银行一天半的体验,着实是丰富而又充实的。其中最有趣的是 Ken 行长给我们两组同学精心设计的 Teamwork。让我感触很深的是一个被我们曲解了本意的合作任务。我们两队秉持着"宁可自己亏本,也不让对方好过"的想法互相打压,结果两队都没了活路,而那一局也没有赢家。这让我们懂得:如果能有一定的包容性,合作就意味着双赢。而之后对商业知识的深入介绍,年轻的 Ken 行长和两位经理的热情招待,让我们在潜移默化中体悟从商之道。Teamwork 都会刻在我的脑海里,难以磨灭。

——中澳班 11E 班　刘梦真

今天在汇丰银行,Ken 行长以团队游戏的形式展现给了我们许多有关团队建设与公司人才分配、公司经营的知识,我也是受益匪浅。首先我要讲的是有关人才方面的事。今天最后一项活动,是有关公司运营的模拟操作,我觉得在模拟前,大家都没有真正了解自己究竟擅长的是什么,这对于公司后期的运行是有很大影响的。教师在教学的过程中应该注意因材施教;对于企业,应该"量力而行",不可以盲目地做出冲动的行为。其次是有关信息的归纳,无论你是做什么的,比如在收邮件的过程中,对方给你的信息可能并不多,但我们需要从有限的资源中获得尽量多、尽量好的条件,每一个细节都可能对企业的未来起到至关重要的作用。最后一点是竞争方面。很多人都想着搞垮对手,不惜把自己也拖下去,造成双输的局面。但是没有一个 CEO 希望自己的企业倒闭、没有盈利,人们总是以"双赢"的借口去"推销"合作,可又有多少人会选择这样做?只能说,利益的诱惑,太令人无法拒绝了。

——中澳班 11D 班　蒋一玺

后　记

　　随着现代社会的经济、文化和科学技术的迅速发展,我国的基础教育体制的改革已逐步展开。"根据社会需要培养人才",成为大势所趋,尤其强调培养学生的分析、理解、表达、动手能力和组织管理能力,增强学生的创造性、适应性和主动性。显然,按照国家教学大纲进行的正规教学活动,已不能完全满足学生的需求,因此,开辟第二课堂便成了越来越紧迫的任务。

　　在此背景下,南京外国语学校仙林分校全体教师经过十多年艰苦的探索实践和提炼总结,本书最终成果以《第二课堂》呈献给有志于教育改革的同仁们,首先感谢学校各级领导的大力支持和帮助,真实体现南京外国语学校仙林分校对素质教育的孜孜追求。作为与读者见面的新教育探索丛书之一,从学校领导到参加编写的所有人员对本书的问世都极其重视与期待。经过与南京师范大学出版社责任编辑老师的多次研讨,我们对全书的写作提纲进行了6次修订,最后达成共识,并很快进入书稿写作阶段。初稿于2013年12月基本完成。接着主要是对初稿进行修改、加工与完善,力争使其能够较好地反映学校第二课堂教育实践的主要成果,希望给阅读本书的读者,特别是从事学校教育管理的一线老师一些启发和帮助。

　　承担本书主要写作任务的情况如下:

　　张国其　第一章、第四章中学部分;

　　周卫兵　第一章、第三章小学部分;

　　刁淑颖　第三章、第五章、第六章中学部分;

　　吴　越　第二章、第四章、第六章小学部分;

　　刘长慧　第五章小学部分;

　　李　祥　第二章中学部分。

　　另外,程迓庆老师还参与了本书前言的编写工作,还有很多老师为本书提供了相关材料,为书稿增添了鲜活的案例,在此不再一一列出他们的姓名,借此对他们的贡献深表谢意。

本书从书稿提纲的撰写到最后定稿,学校所有领导都给予了充分的关注,钱铁锋校长还专门对编写工作进行研究指导,学校教科研中心的黎鹤龄主任也给予了帮助和鼓励,在此向所有关心此书编撰出版的领导和老师们表示感谢!

最后要特别感谢南京德育专家赵炳红老师对本书一直给予高度关注和大力支持,对书稿提出了许多宝贵的修改建议;原中央教科所所长朱小蔓教授为丛书撰写了总序。对此我们深表谢意。

编者
2014 年 12 月 16 日

图书在版编目(CIP)数据

第二课堂 / 王海韻主编. —南京:南京师范大学出版社,2015.7

(新教育探索丛书)

ISBN 978-7-5651-1987-3

Ⅰ.①第… Ⅱ.①王… Ⅲ.①第二课堂－教学研究－中小学 Ⅳ. G632.428

中国版本图书馆 CIP 数据核字(2014)第 295317 号

书　　名	第二课堂
主　　编	王海韻
副 主 编	刁淑颖　周卫兵
责任编辑	王迎春
出版发行	南京师范大学出版社
地　　址	江苏省南京市宁海路 122 号(邮编:210097)
电　　话	(025)83598919(总编办)　83598412(营销部)　83598297(邮购部)
网　　址	http://www.njnup.com
电子信箱	nspzbb@163.com
印　　刷	扬州市文丰印刷制品有限公司
开　　本	787 毫米×960 毫米　1/16
印　　张	14.5
字　　数	234 千
版　　次	2015 年 7 月第 1 版　2015 年 7 月第 1 次印刷
书　　号	ISBN 978-7-5651-1987-3
定　　价	38.00 元

出 版 人　彭志斌

南京师大版图书若有印装问题请与销售商调换

版权所有　侵犯必究